Freerk Huisken

FRIEDEN. Eine Kritik. Aus aktuellem Anlass.

Freerk Huisken ist Professor im Ruhestand an der Universität Bremen mit dem Schwerpunkt Politische Ökonomie des Ausbildungssektors (siehe hierzu sein Grundlagenwerk »Erziehung im Kapitalismus. Von den Grundlügen der Pädagogik und dem unbestreitbaren Nutzen der bürgerlichen Lehranstalten«). 2020 erschienen von ihm die VSA: Flugschrift »Flüchtlingsgespräche 2015ff. Über demokratische Ausländerfeindlichkeit und völkischen Nationalismus, linke Heimatliebe und weltoffenen Patriotismus«.

Freerk Huisken

FRIEDEN.

Eine Kritik. Aus aktuellem Anlass.

Flugschrift

VSA: Verlag Hamburg

www.vsa-verlag.de

www.fhuisken.de

3. durchgesehene Auflage

Umschlagzeichnung: Harm Bengen
Druck und Buchbindearbeiten: CPI books GmbH, Leck
ISBN 978-3-96488-193-9

Inhalt

I. Friedensmoral

II. Friedensbewegung

III. Friedensappelle von links, von rechts und aus der »Mitte der Gesellschaft«

IV. Friedensordnung

I. Friedensmoral

»Worum geht es bei diesem Vortrag?«
»Um eine Kritik des Friedens!«
»Das kann doch nicht wahr sein!
Frieden kann man gar nicht kritisieren!«
(Vor Beginn einer Veranstaltung zum Thema:
Abweichende Meinungen zum Frieden)

1. Frieden kann man doch nicht kritisieren!

In der Tat. Frieden kann man doch nicht kritisieren! Frieden, dieser *»Zustand ungestörter Ordnung oder ausgeglichener Harmonie«*,[1] charakterisiert durch den *»Gegensatz des Krieges«*[2] oder – laut Wikipedia – *»definiert als ein heilsamer Zustand der Stille oder Ruhe, als die Abwesenheit von Störung oder Beunruhigung und besonders von Krieg«*.[3] Wer sollte sich aus welchen Gründen auch immer dagegen aussprechen! Wer wollte demgegenüber schon Disharmonie, Unordnung, Störungen oder gar Krieg favorisieren!

Irritieren könnte allenfalls der Umstand, dass Frieden primär nur *negativ* bestimmt wird. So wie man das auch umgangssprachlich kennt: Frieden ist *kein* Krieg, er ist der *Gegensatz* zum Krieg. Irritieren könnte das deswegen, weil dabei zum einen ausgeblendet wird, welche Verhältnisse zwischen Gesellschaften und innerhalb derselben existieren müssten, die gewaltlose Regelung ermöglichen bzw. gar erfordern,[4] und weil zum ande-

---

[1] dtv-Lexikon, München 1976, Bd.7, S. 31

[2] Philosophisches Wörterbuch, Leipzig 1969, Bd. 1, S. 380

[3] de.wikipedia.org/wiki/Frieden

[4] Das wären Verhältnisse innerhalb und zwischen Ländern ohne systemische Gegensätze, in denen es folglich keine mit einem Gewaltmonopol ausgerüstete Herrschaft braucht, die damit ihren Frieden sichern,

ren alle realexistierenden gesellschaftlichen oder zwischenstaatlichen Verhältnisse *unterhalb* der Schwelle des Krieges, also unterhalb von Zerstörung und Vernichtung von Land und Leuten, mit einem dicken Lob versehen werden: Hauptsache kein Krieg!

Die gänzlich abstrakte Rede von *»Harmonie«* und vom *»Zustand der Stille oder Ruhe«* kommt jedoch nicht ohne verdächtige Relativierungen aus: Die Harmonie muss *»ausgeglichen«* und der Zustand der Stille und Ruhe muss *»heilsam«* sein. Ein zweites Definitionsangebot in einem bekannten deutschen Lexikon gibt schon eher Aufschluss darüber, wo etwas »auszugleichen« bzw. zu »heilen« ist: Frieden sei auch *»der rechtlich geordnete Zustand innerhalb einer Gemeinschaft, zwischen Staaten bes. der Zustand, in dem diese sich keiner gewaltsamen Mittel bedienen, um ihre Interessen durchzusetzen«.*[5] Da stellen sich schon einige Fragen: Wie ist wohl eine Gemeinschaft verfasst, die der *rechtsstaatlichen*, also einer immer mit *Gewalt* ausgestatteten Regelungskompetenz *bedarf*, um geordnete Zustände herzustellen? Und wie darf man sich dann diese per Rechtsordnung *gesicherten* Zustände vorstellen? Worin bestehen staatliche *Interessen*, wenn deren Hüter sich zwecks ihrer Durchsetzung den Einsatz von Gewaltmitteln extra *versagen* müssen? Schließlich: Was macht das Verhältnis *zwischen Staaten* derart heikel, dass der Verkehr *zwischen* ihnen dringend einer *Friedensordnung* bedarf?

Solche Fragen stellen sich bereits dann, wenn man sich der Sache ›Frieden‹ in der Manier herrschender Wissenschaft *definitorisch* nähert, es also sorgfältig vermeidet, sich theoretisch vom Blick auf jene empirischen Verhältnisse leiten zu lassen, die da zwischen Staaten eingerissen sind. Denn so ein Blick würde umgehend anderes offenbaren:

---

und keine hochgerüsteten Staaten, die wechselseitig in der Konkurrenz um Aneignung ihrer Reichtümer kämpfen.

[5] dtv-Lexikon. a.a.O.

2. Frieden, der mit Gewalt gesichert wird

In einer Zeit, in der die Anschaffung von Waffenarsenalen und ihr gelegentlicher Einsatz »zur Sicherung des Friedens« ständig auf der Tagesordnung steht, ist nämlich längst in Vergessenheit geraten, dass man unter Frieden tatsächlich schon mal den *gänzlichen Verzicht* von Gewaltmitteln innerhalb der und im Verkehr zwischen Gesellschaften verstanden hat. Man nimmt heute zur Kenntnis, dass der Frieden mit Gewalt gesichert werden muss und versteht folglich gleich, dass die Politik die sittlichen Vorgaben für das *Ziel*, den Frieden zu sichern, bei der Wahl der *Mittel* dieser Friedenssicherung nicht mehr kennt. Wenn es immer wieder *Kriege* sind, mit denen – natürlich nur zum Zwecke der Verteidigung[6] – für den Erhalt bzw. die Wiederherstellung des *Friedens* gesorgt werden muss, dann steht außer Frage, dass Staaten für die im Namen des Friedens geführten Kriege – ein hübscher *Widerspruch* – bereits in Friedenszeiten auch immer hinreichend gerüstet sein müssen.

All dies ist inzwischen so *selbstverständlich*, dass der Frage selten ernsthaft nachgegangen wird, was den Frieden in der Welt eigentlich so ›labil‹ macht, dass er permanent in allen möglichen Weltgegenden mit kleineren, größeren oder schon weltkriegsähnlichen Militäreinsätzen gesichert werden muss. Das ist auch nicht nötig. Denn regelmäßig stellen sich zur rechten Zeit immer wieder *Begründungen* ein, die jedoch dieses Etikett nicht verdienen. Denn – und dies gilt es im Folgenden nachzuweisen – sie stellen nichts als *Schuldzuweisungen* und *Legitimationen* für den Einsatz von Tötungs- und Vernichtungsinstrumenten dar, mit denen sich die externen Beobachter von Kriegen oder die von ihnen Betroffenen mit all den Grausamkeiten als Notwendigkeiten

---

6 Siehe dazu das Völkerrecht, das den Einsatz von Waffen zum Zwecke der Verteidigung ausdrücklich erlaubt und das damit jedem Staat, der zu diesem »letzten Mittel der Politik« greift, seine Kriegszwecke legitimierende wohlfeile Argumente verschafft; eine überdies deswegen so absurde Legitimation, weil mit dieser von jedem kriegführenden Staat behaupteten Leugnung eigener Kriegsgründe gänzlich unerklärlich ist, warum es diese Massaker überhaupt geben kann.

abfinden sollen und abfinden, die diese Friedenssicherungen mit sich bringen. Auch im Ukrainekrieg *bestimmen* sie in ihrer immer gleichen *brutalen Einfältigkeit* die öffentliche Debatte und *erledigen* sie zugleich.

3. »Es kann der Frömmste nicht in Frieden leben, wenn es dem bösen Nachbarn nicht gefällt!«

Die »Begründungen« folgen immer derselben Logik:

»Es kann der Frömmste nicht in Frieden leben, wenn es dem bösen Nachbarn nicht gefällt!«[7]

Nach der Logik dieses Zitats hat mit Kriegsbeginn, angeleitet durch die Politik der Regierung und verbreitet durch 99% der deutschen Medien, flächendeckend eine *Volksverdummung* eingesetzt, die es in sich hat und die ihre Wirkung tut.

Was erfährt man eigentlich aus diesem Spruch, wenn man ihn einmal als *Begründung* ernst zu nehmen versucht? Zunächst einmal: Diejenigen, die ihn benutzen, rechnen sich selbst ganz selbstverständlich und von vorneherein den Frömmsten, die die *Guten* sind, zu. Warum? Sie wollen ja nur in *Frieden* – natürlich in Freiheit – leben. Was das für ein Frieden ist, wie er von den Frömmsten gestaltet wird? Darüber erhält man keine andere Auskunft, als dass Frieden ein *Höchstwert* ist, der keiner weiteren Begründung bedarf. Wer sich für ihn ausspricht oder einsetzt, ist – zum ersten – allein dadurch schon *geadelt*; zum zweiten – und gerade deswegen – spricht er sich eine *interesselose Zuständigkeitskompetenz* im Umgang mit dem Bösen zu. Wer nichts anderes als diesen Höchstwert verfolgt, der spricht sich nämlich gänzlich frei vom Verdacht, nur *seine eigenen* Anliegen verfolgen zu wollen. An dieser feinen Bestimmung der Friedensverfechter stört kein bisschen, dass die Gleichsetzung der Frommen mit den Gu-

---

[7] F. Schiller, in: Wilhelm Tell. Dass Schiller seinem Tell dieses ›geflügelte Wort‹ als Kampfansage an den schweizer Feudalismus, also an innere Gegensätze in den Mund gelegt hat, irritiert aktuell keinen seiner Benutzer, der damit militärische Auseinandersetzung zwischen Staaten rein moralisch beurteilen will.

ten tautologisch, also falsch ist, weil sie die Begründung identisch mit dem zu Begründenden setzt: Die Frömmsten sind gut, *weil* sie das Gute, den Frieden wollen! Dasselbe gilt für den Nachbarn, der der *Böse*[8] ist und wegen der *Nähe* zusätzlich als besonders gefährlich gilt. Warum ist der Nachbar böse? Weil er Böses tut, nämlich den Frieden der Guten stört. Ob der Böse vielleicht Gründe hat? Wenn ja, welche? Ob vielleicht die Frömmsten ihn herausgefordert haben? Ob er vielleicht nur auf nachbarschaftliche Übergriffe reagiert? Erneut Fehlanzeige! Erneut braucht es nicht mehr als die wiederum tautologische Auskunft, dass der Nachbar *böse ist, weil* er Böses *tut*, ›unsere Friedensordnung‹ stört. Das ist das ganze Szenario. Mehr ist nicht nötig, um sofort einen, besser: den *einzig denkbaren* Schluss zu ziehen: Dem Bösen muss Einhalt geboten werden, damit er von seinen Bösartigkeiten gegenüber seinen armen Opfern ablässt. Und wie der Schutz der Opfer auszufallen hat, ist ebenso klar: Gegen den Bösen helfen keine Argumente, keine guten Worte, keine Verhandlungen, keine Kompromissangebote. Das verfängt bei Bösen nicht, weil sie ja wesensmäßig böse sind. Da müssen schon härtere Geschütze aufgefahren werden, Geschütze, die den Bösen *zwingen*, von seinem Tun abzulassen, was immer das auch an Schäden anrichtet. Nur so lässt sich der Frieden sichern, wissen die Guten. Alles, was die Guten dabei selbst an Bösem anrichten, geht dann automatisch auf das Konto des Bösen. Die Friedensmoral lässt sich deswegen auch durchaus als *Kriegsmoral* kennzeichnen.

Erkennbar ist, dass diese Logik nur *moralisch,* d.h. *begründungslos* allein durch die Einsortierung von Tätern und Opfern an den Extremen der Werteskala von Gut und Böse verfährt. Werte, weiß man, müssen gar nicht begründet werden. Sie begründen sich aus sich selbst, stehen über allen Motiven, Interessen, Anliegen und Zwecken; *erhöhen* sie, gelten was, weil sie als berechtigte

[8] Übrigens gilt nachbarschaftliche Nähe ganz umgekehrt auch schon mal als Grundlage für Freundschaft, Hilfsbereitschaft, Gemeinschaftlichkeit usw. Bei der Moral kommt es eben immer ganz darauf an, welches Interesse durch das moralische Bild ausgepinselt werden soll.

durchgehen, und verleihen ihnen in ihrer Begründungslosigkeit den Charakter einer *unwidersprechlichen* Begründung. Deswegen gilt es auch als verfehlt, allzu eindringlich nach dem *Warum* einer moralischen Verurteilung zu fragen. Nicht, dass man keine Antwort erhielte. Nur gilt jede Antwort nicht für sich als *Faktum*, das man allererst zu *erklären* hätte, sondern nur als *Belegmaterial* für das Böse: Da ist das Militär des einen Staates in einen anderen einmarschiert. Stimmt! Nur: *Warum* hat der Staat zu dieser Maßnahme gegriffen? Als Staatsmann hat der Oberbefehlshaber – das festzuhalten grenzt allein schon an eine Banalität – mit Sicherheit seine *politischen Gründe* dafür; egal ob man sie teilt oder kritisiert. Oder: Da weigert sich ein Staat, seine Truppen aus besetzten Gebieten abzuziehen. Stimmt! Doch *warum* insistiert er unter Einsatz von viel Gewaltmitteln auf dieser Besetzung? Welche politischen Zwecke verfolgt der Staat mit dieser militärischen Okkupation? Das spielt alles keine Rolle. Weil der agierende Staat per moralischer *Vorabdenunziation* längst als der Böse charakterisiert ist, sind seine Taten zwangsläufig immer nur Beleg für Bösartigkeit. Korrekte Antworten auf diese Warum-Fragen sind deshalb nicht zu erwarten.

Man kann also festhalten: Die moralische Befassung mit dem Krieg ist identisch mit einer *Weigerung*, sich irgendeinen freien Gedanken über *politische Anliegen* von hochgerüsteten Staaten und ihre *Gründe* dafür zu machen, warum sie sich im Krieg mit wechselseitiger Zerstörung von Menschenmassen, Rüstungspotenzial, Infrastruktur usw. Niederlagen beibringen wollen.

Noch ein Beleg für diese Sorte gedanklichen Bankrotts: Wer sich selbst so einer moralisch operierenden Weigerung, eine Klärung vorzunehmen, *verweigert*, der wird von diesen Moralisten – von denen in politischen Ämtern und in den Medienanstalten – sogleich *verdächtigt*. Die falsche Logik kennt man: Wer angesichts dieser Verbrechen des Bösen etwas *erklären* will, der bringt *Verständnis* für das Böse auf. *Verstehen* wird gleich gesetzt mit *Verständnis*. Und wer Verständnis aufbringt, der ist *Freund des Bösen*. Fertig ist die Kiste. Dabei ist Verstehen nichts als Begreifen und erst aus dem Begriffenen lässt sich die politische Qualität der Anliegen der kriegführenden Parteien erschließen und beurteilen. Doch z.Zt. kann sich jedes Bemühen, statt des moralisch besetzten Gemütes einmal seinen Verstand einzusetzen, sicher sein, in der hiesigen Öffentlichkeit ausgegrenzt zu werden, und muss auf den Shitstorm nicht lange warten.

Mit der moralischen Betrachtung wird eine *Schuldfrage* aufgeworfen *und* zugleich – das ist wichtig – mit dem Aufwerfen *entschieden.* Das Deuten auf Schuldige *ersetzt* bei den Frömmsten die Ermittlung von Gründen fürs Handeln des »Bösen« durch moralisch vorgefertigte *Rechts*kategorien. Das mit dem »ersetzt« ist wörtlich zu nehmen: Denn – und das kann man gar nicht oft genug betonen – die Guten begeben sich nicht auf die Suche nach Gründen, ermitteln keine politischen Interessen oder Motive, halten sich auch nicht groß mit der Klärung der Frage auf, welche *ihrer politischen Interessen* durch das Tun des Bösen gestört werden. Deswegen ist auch unerheblich, dass der Böse etwas ziemlich *Verrücktes* tut: nämlich zu Maßnahmen greift, die zum einen nicht nur beim *Gegner* Zerstörungen anrichten, sondern ihn selber einiges »kosten«; und deren Ausgang zum anderen völlig ungewiss ist, also auch mit der Niederlage des Bösen enden kann. All das ist bei der Berufung auf den Schuldspruch keiner Beachtung wert. Vielmehr sind die Guten über ihre moralischen Verurteilungen derart mit sich im Reinen, dass für sie von vornherein das rechtsmäßige Urteil feststeht, dass der Angreifer *nicht darf,* was er *tut.* Die moralische Verurteilung hält dabei beim Bösen eine *Unterlassung* fest: Er tut *nicht* das, was sich in der Friedensordnung von *rechts wegen gehört.* Es leisten sich diese Friedensmoralisten damit eine bemerkenswerte *Abweichung* von dem, was sich in einem Rechtsstaat nicht nur gehört, sondern selbst per Rechtsverordnung festgelegt ist. Sie treten nämlich als *Kläger* und *Richter* in *einer Person* auf, nehmen – recht widersprüchlich – als die vom Einmarsch des Bösen *Betroffenen* zugleich die Position des über *allen Parteien stehenden Rechtswahrers* ein, und verkünden qua *ideeller Amtsanmaßung* ihren Schuldspruch. Und fertig ist die aus dem Schuldspruch folgende *Legitimation* zum Zuschlagen. Mit seiner *Exekution* beginnen die Frommen ebenfalls gleich selbst, d.h. sie wissen sich auch noch als *Exekutivbeamte* einer *Rechtsgewalt*, die in diesem Fall mit militärischem Geschütz aufwartet, berechtigt. Was im normalen zivilen Leben als *Selbstjustiz* gebrandmarkt und mit Strafen geahndet wird, das ist diesem moralischen Urteilen über die Guten und die Bösen ein geradezu selbstverständliches Verfahren. Im Reich der Moral ist all das leicht zu haben.

Zusätzliche Verweise auf *Völker- und Menschenrecht* tun in dieser Logik ein Übriges. Sie heben das moralische Urteil auf die allerhöchste Begründungsebene und verwandeln damit zugleich auch das Völkerrecht in ein Instrument *ihrer* Moral:[9] Der Böse schließt sich aus dem Kreis der *Völker* aus und verstößt zugleich gegen alles, was *»den Menschen«* ausmacht; er gerät darüber zum *Unmenschen*. Dass dieses Völkerrecht *gleichermaßen* von den Guten wie von den Bösen zur Legitimation ihrer mehr oder weniger militanten Interessen angewandt wird, also einen breit gefächerten Interpretationsspielraum in sich trägt, stört keinen Guten. Ist der sich doch – schon wieder von vornherein – sicher, dass der Böse diese Rechte gegen den heren Gehalt des Völkerrechts *missbraucht;* was dann zudem als hinreichender Grund gilt, ihn vom Schutz durch Völker-und Menschenrecht auszuschließen. Die Berufung auf diese Rechte – das kann man schon mal daraus lernen – geht folglich nur für *Sieger* in Ordnung: Es entscheidet letztlich allein die *überlegene Gewalt* darüber, wer sich berechtigterweise auf sie berufen kann – denn über eine übergeordnete Exekutionsgewalt verfügen die entsprechenden Institutionen wie etwa die UNO nicht.[10]

Dass sich die Guten mit dem Aufmachen der Schuldfrage die *Berechtigung* erteilen, Gewalt gegen das Böse einzusetzen, fällt

---

[9] Dass das Völkerrecht so benutzt wird, ist das eine, was es selbst aber als Recht der Völker ist, ist das andere. Siehe dazu meinen Vortrag bei 99:1 (www.youtube.com/watch?v=n6nav6idayE).

[10] Nach der UNO-Abstimmung über eine Resolution, die die Russische Föderation am 23.2.23 zum Frieden aufforderte, titelte Focus im Internetdienst: »Sechs Staaten stimmten mit dem Bösen«.

ihnen natürlich immer *sehr schwer*: Denn als Friedensanhänger – sie wollen, bescheiden wie sie sind, eigentlich nur »in Frieden leben« – werden sie nur *ungern* gewalttätig, wie sie nicht müde werden zu betonen. Doch sehen sie sich in einer Situation gefangen, in der sie *keine andere Wahl* haben: Ihr Eintritt in den Krieg – so stellen sie es moralisch durchaus logisch dar – folgt nicht einem aus politischem Interesse resultierenden Beschluss, sondern ist das Ergebnis einer über sie hereinbrechenden *Notwendigkeit*, der sie selbstlos folgen. Es sind allein die vom Bösen ausgehenden *Zwänge einer Lage*, der sie sich um des Friedens willen *beugen müssen*. Nur deswegen sehen sie sich genötigt, mit Waffenlieferungen gegen das Böse vorzugehen. Dass dieser Zwang in nichts anderem besteht als in einer Reihe von *Entscheidungen* politischer Einrichtungen über Zweck, Art und Umfang der Lieferung von Waffen und Kriegsgerät, dass *Beschlüsse* von Fachleuten über Transportwege gefällt und der Einsatz des Kriegsgeräts von Militärs exakt *kalkuliert* werden muss, sei wirklich nur am Rande erwähnt: von wegen Zwang! Denn nur zu offensichtlich ist die moralische Funktion dieser Entschuldigung: *Alle* im Krieg anfallenden Opfer gehen allein aufs Konto des Bösen – egal durch wessen Waffen sie ums Leben gekommen sind.

Es ist diese moralische Legitimation des Einsatzes von Waffen der Guten gegen den Bösen denn auch nichts als – *objektive – Heuchelei*. ›Objektiv‹ meint: Die Tour der Heuchelei, den Schein zu wahren, dass man selbst dann nur Gutes vorhat, wenn man doch selbst »Böses« tut bzw. zu tun genötigt ist, verfolgt kein trickreiches Verfahren der Herrschaft, mit dem sie ihrem Volk irgendwelche bewusst verfolgten Bösartigkeiten als das Gegenteil vermitteln, ihm also ›Sand in die Augen streuen‹ will. Nichts davon: Friedenspolitiker an der Macht sind der tiefsten Überzeugung, dass sie letztlich nur Gutes tun, wenn sie diesen Krieg gegen Russland, das Böse, munitionieren. Denn wenn sie ihre politischen *Interessen* wie *Rechtsansprüche* behandeln, die von Freund und Feind *respektiert* werden müssen, dann sind alle diejenigen, die den Respekt verweigern, automatisch die *Bösen*. Und dann ist es ihr *Selbstverständnis*, mit der Verfolgung ihrer berechtigten Ansprüche gegen das Böse dem *Guten,* also dem Frieden, zu dienen. Man verfehlt folglich die Härte der moralischen Kriegspropaganda, wenn man zwischen wahren Interessen und deren moralischer Verkündigung *falsch* zu unterscheiden versucht, indem man der Politik unterstellt, sie wolle ihrem Volk in ihrer Kriegspropaganda ihre eigentlichen politischen Absichten *verschweigen.* Verschwiegen wird heute nichts und die Sicherung von nichts als der Friedensordnung gegen das Böse ist die wahre Absicht, die dann von großen Teilen des Volkes geteilt wird. Als Heuchelei bleibt jedoch bestehen, dass ihr Reden durch ihr Tun widerlegt und als Rechtfertigung überführt wird.

Ähnliches liegt vor, wenn die Guten ihre Kriegsbeteiligung allein als *Verteidigungsaktion* vorstellen. Das *ist* zwar der Gehalt ihres politischen Beschlusses und zugleich ist es sehr verräterisch, wenn darüber mitgeteilt wird, man sehe sich genötigt, mit dem Schutz der Ukraine – wir können allmählich Klartext reden, können Ross und Reiter nennen, die ohnehin jeder mitgedacht hat – die *gute Friedensordnung* gegen den bösen Angreifer Putin zu *verteidigen.* Den *Krieg,* der in der Ukraine tobt, wollen sie angeblich *nicht* führen, den führt allein der Putin. Es geht ihnen *nur* um die Hilfe bei einer militärischen *Verteidigungsoperation.* Wie das? Wie soll das Verteidigen ohne militärische Auseinandersetzung mit dem Feind, also ohne Krieg gehen? Mal sachlich: Es macht überhaupt erst die militärische Intervention der ›Guten‹ aus dem russischen Überfall auf die Ukraine einen *Krieg.* Zu dem gehören, diese Banalität muss man offensichtlich immer mal wieder erwähnen, notwendig *zwei Parteien* mit einander ausschließenden politischen Interessen;[11] selbst dann, wenn der Westen beim Kriegführen an das moralisch ausgemalte Feindbild und den ei-

---

[11] »Der Krieg ist nichts als ein erweiterter Zweikampf. ... Jeder sucht den anderen durch physische Gewalt zur Erfüllung seines Willens zu zwingen; sein nächster Zweck ist, den Gegner niederzuwerfen und dadurch zu jedem ferneren Widerstand unfähig zu machen. Der Krieg ist also ein Akt der Gewalt, um den Gegner zur Erfüllung unseres Willens zu zwingen.« Clausewitz, in: »Vom Kriege«, dessen Zweikampfvergleich allerdings allzu verharmlosend ausfällt, sofern nicht zugleich die

genen Friedenshilfsauftrag glaubt. Dass der als immer weiter eskalierter Krieg[12] in der Ukraine denn auch keinen *»heilsamen Zustand der Ruhe und Stille«*, wie Frieden definiert wird, sondern verwüstete Lebensverhältnisse hinterlässt, an denen Gute und Böse jeweils auf ihre Weise mitwirken, lässt erneut nur den einen Schluss zu: Es müssen auch die Guten schon ihre *besonderen, überhaupt nicht moralischen Gründe* haben, mithin vehemente politische Interessen verfolgen, wenn Schutz und Hilfe für die Ukraine für die Überlebenden des Gemetzels nur ein Leben in einem großen Schutthaufen zulässt. *Sonst fände dieser Krieg nicht statt!*

Nebenbei: Was heißt eigentlich *Schutz und Hilfe für die Ukraine*? Besteht denn diese Hilfe allein aus Zelten, Lebensmitteln, Notstromaggregaten und Medikamenten für die geschundene Bevölkerung? An dem, woraus die täglich in aller Öffentlichkeit vorgestellten Lieferungen bestehen, kann kein Zweifel bestehen. Folglich hat diese Hilfe – mit Waffen, Munition, Logistik und Ausbildung von ukrainischen Soldaten – denn auch einen ganz besonderen Adressaten, den man mit den *Bewohnern* der Ukraine nicht verwechseln kann: Geholfen wird dem *ukrainischen Staat*, *nicht* seinen *Bürgern* – auch wenn Teile von ihnen, die sich in ihrer fanatischen Vaterlandsliebe sehr bewusst als das Menschenmaterial der Kriegsmaschinerie von Selensky zur Verfügung stellen, das anders sehen wollen.[13] Wie dem auch im Einzelnen sei: Der Sache nach werden die Ukrainer in dieser Hilfsaktion für ein *Staatsanliegen* eingesetzt, das auf die Lebensinteressen der ukrainischen Volksmassen keine Rücksicht nimmt. Wenn sie in dieser Schutz und Hilfe versprechenden ›Verteidigungsoperation‹ von ihrer Herrschaft als Kanonenfutter eingesetzt werden, liegt der

politischen Subjekte benannt werden, die ihn sich liefern. (static.clausewitz-gesellschaft.de/wp-c ontent/uploads/2014/12/VomKriege-a4.pdf).

[12] Wenigstens bis zur Endredaktion des Textes im Juni 2023.

[13] Andere, denen die Sicherung ihrer eigenen Haut wichtiger ist als das Sterben eines Heldentods für Selenskys Staat, müssen mit Verfolgung, Verhaftung bzw. sogar damit rechnen, beim Türmen an der Grenze erschossen zu werden.

Schluss auf der Hand, dass die Anliegen, die da ›verteidigt‹ werden, *nach Kriegsende* kaum der *Wohlfahrt* dieses lebendigen ukrainischen Kriegsmaterials, der ukrainischen Bevölkerung dienen.

Zudem weiß man, dass die Hilfe, die der Westen dem ukrainischen *Staat* angedeihen lässt, alles andere als *selbstlos* ist. Die Friedenssicherung, die die Guten aus dem Westen verfolgen, sieht für die Ukraine den Ausbau des NATO-Bollwerks an der Grenze zu Russland vor. Egal, was von russischer Macht und vom ukrainischen Staat noch übrig bleibt. Die Staatsräson der ukrainischen Führung soll dann darin bestehen, sich mit ihrem ›failed state‹ den westlichen Vorgaben zur Sicherung ihrer Friedensordnung zu unterwerfen.

4. Friedensordnung moralisch

Deswegen bedarf es auch noch einer kurzen gesonderten Betrachtung der *moralischen* Ausdeutung der vom bösen Nachbarn Putin gestörten guten, also *»regelbasierten«* und *»wertegeleiteten Friedensordnung«*, die per Krieg wieder hergestellt werden soll. Zunächst: Dass die Sache mit dem *Nachbarn* schon einen geografisch ziemlich ausgreifenden Nachbarschaftsbegriff unterstellt – Deutschland ist z.B. der Nachbar des Nachbarn der Ukraine, die USA gar ein anderer Kontinent –, ist im Begriff der ›*Friedensordnung*‹ jedoch gut untergebracht. Gestört werden ja demzufolge nicht *nationale Anliegen* Deutschlands bzw. des Westens durch einen *unmittelbaren* Nachbarn, sondern gestört wird eine geografisch gar nicht näher bezeichnete oder eingegrenzte, also recht globale *Ordnung*, von der Deutschland ein Teil ist. Deswegen dürfen die Fragen gar nicht erst aufkommen, was denn Deutschland die Ukraine angeht und warum sich die guten Deutschen, wo sie doch nur in Frieden leben wollen, in entfernte Konflikte einmischen; oder was denn Putin den Deutschen angetan hat usw. Auch könnte kundige Zeitungsleser *irritieren*, dass die Ukraine bereits schon jetzt als Teil dieser Friedensordnung begriffen wird. Denn die Ukraine gehört bisher weder der EU noch dem NATO-Bündnis an. Überdies weiß man, dass in Brüssel gegen die sofortige Eingliederung der Ukraine in die Friedensordnung, genannt: »der Westen«, so einige Vorbehalte geäußert werden, die so gar nicht dazu zu passen scheinen: Es herrsche in der Ukraine flächendeckend Korruption, es seien einige faschistische Organisationen in Parteien und im Militär unterwegs und es habe dieses Staatswesen es auch schon in der Vorkriegszeit mit den bürgerlichen Freiheiten, besonders der Meinungsfreiheit, nicht allzu genau gehalten. Aber als vom Bösen überfallener Nachbar gilt die Ukraine automatisch als das, was für sie schon immer vorgesehen war: nämlich als ein Aspirant, Teil der westlichen Friedensordnung zu werden. Die Erledigung der bekannten ukrainischen Makel – sie sind seit Kriegsbeginn kaum noch ein relevantes Thema – würde dann mit dem Sieg über das Böse erfolgen: Nach der Sicherung von Demokratie und Marktwirtschaft, den Ordnungsprinzipien der Friedensordnung, gelten solche Mängel bekanntlich nur noch als Schönheitsfehler.

Im übrigen und gar nicht nebenbei: Auch für eine *Nicht*einmischung in die »militärische Spezialoperation« der Russischen Föderation ließen sich moralische Gründe finden und werden z.B. auch von Pazifisten gefunden: Aus *Respekt* vor der Souveränität des ukrainischen Staates hätte man sich jeder Einmischung zu enthalten. Oder: Eine militärische Unterstützung verbietet die *Mitmenschlichkeit*. Oder: Krieg vergrößert nur das *Leid* – allein – der armen Ukrainer. Oder: Die Kriegsbeteiligung fördert allein das Profitinteresse der *gierigen* Manager der Rüstungsindustrie, usw.

Weiter: Dass die Friedensordnung *»regelbasiert«* und *»wertegeleitet«* ist – wie hiesige Politiker betonen –, wirft die Frage auf, um *welche Werte* es sich handeln soll, die neben dem Oberwert ›Frieden‹ diese Ordnung bestimmen. Man kommt um die Feststellung nicht herum, dass der Kanon hübscher Werte in diesem Zusammenhang ziemlich *selektiv* angewendet wird: Toleranz, Nächstenliebe, Demut, Miteinander, Versöhnungsbereitschaft und Verständnis hat Putin offenbar nicht verdient. Es scheint dem Begriff der Moral als einem *allgemein* und für *jedermann* eigentlich gültigen Kanon von Tugenden offenbar nicht zu widersprechen, dass die selbsterklärten Guten sich nur jenen Moralismen verschreiben, die zu ihren politischen Kalkulationen *passen*. Sie behaupten folglich in der Kriegslage ihre *interessiert selektiv* gestaltete Moralauffassung als *allgemein* gültige; und es gibt keinen in übergeordneter Position angesiedelten Moralapostel, der dagegen Einspruch einlegt. Wie auch, wenn doch Moral gar nicht das politische Handeln bestimmt, sich vielmehr umgekehrt für die Rechtfertigung der politisch begründeten Handlungskalkulation der Staaten immer die geeigneten Tugenden finden lassen. Da ist einiges im Katalog zu finden: Dieser Krieg ist *gerecht*, da er *Frieden* bringt, der vor allem in der *solidarischen Hilfe* für die Ukraine besteht, damit die Ukrainer wieder ein *menschengerechtes* Leben führen können usw. Das ist eben das Praktische an moralischer Argumentation: Es findet sich zur Legitimation jedes politischen Interesses immer die passende Moral. So wird ein Schuh draus. Nie leitet sich so ein Interesse aus der Moral ab.

5. Putin, der Böse

Dass *Putin* die *Verkörperung* des Bösen, gar ein neuer Hitler sein soll, folgt ebenfalls einer (Un-)Logik, die man sich klar machen sollte: Sie beginnt – zum ersten – mit der Benennung von Putins *böser Tat*, seinem Einmarsch in die Ukraine. Der hat »uns, die Frömmsten«, und ›unsere Friedensordnung‹ schwer geschädigt. Sie setzt sich – zum zweiten – fort mit der Zurückführung dieser Tat auf den *Charakter des obersten Befehlshabers* der Russischen Föderation. Dabei lässt sich nun wirklich keine politische Staatsräson, schon gar nicht die Räson dieses Nachfolgestaats der Sowjetunion, auf charakterliche Besonderheiten des *einen* und offenbar immer *gänzlich allein handelnden Führers* zurückführen – so als gäbe es in der Russischen Föderation nicht eine Regierung, ein Kabinett mit Ministern, einen ausgedehnten politischen Apparat usw. Statt nach den *politischen Interessen* eines Nationalstaats zu fragen, der um seine Anerkennung als Weltmacht gegen das Weltordnungsmonopol der USA ringt, werden *charakterliche Anomalien* und selbst *persönliche Vorlieben* von Putin gesucht. Darunter fällt alles, was man über diesen einen Politiker, den man dafür ganz auf den *Privatmann* reduziert, weiß. Und all das wird *prompt* gefunden; ›prompt‹ deswegen, weil sich die Suche als pure

Deklaration all dessen zu menschlichen Anomalien erweist, was so an Putin entdeckt oder heranerfunden wird. Die Konstruktion eines charakterlich deformierten Individuums stellt dann – zum dritten – die Folie für die ›Ermittlung‹ der *Zwecke* des *Politikers Putin* dar: Putin ist *von Natur aus* böse; der *kann* gar nicht anders. Und von diesem rassistischen Endpunkt aus, wird – zum vierten – umgekehrt wieder alles, was der Krieg an Vernichtung und Zerstörung hervorbringt, allein als Belegmaterial dem festgezurrten Urteil über die Menschennatur Putins zugeordnet.[14]

Übrigens: Wenn das zutreffen würde, was westliche Hetze über den geistig und physisch angeblich deformierten Putin zusammenträgt, hätte ihn sein Kabinett längst in eine Anstalt eingeliefert.

Die *Entpolitisierung* des russischen Angriffs durch seine moralische Denunziation ist damit vollkommen. Und umgekehrt lässt sich daraus kein besserer *Freispruch* für den Eintritt des Westens in den Krieg – »from behind«- drechseln: »Dieser Krieg ist *gerecht*!« *Unter die Räder gerät dabei vollständig, dass in jedem Krieg alle Krieg führenden Parteien immer über Leichen gehen, ihre Bevölkerungen zum Töten und Sterben abkommandieren, ihr Volk also als ihr Machtmittel einsetzen, dass sich folglich jede Parteilichkeit für eine Krieg führende Seite verbietet.*

Bei der bisherigen Darstellung ist es nur um die Kritik der *Friedens-* bzw. *Kriegspropaganda*, um die moralische *Rechtfertigung* der Kriegsbeteiligung gegangen.[15] Nachgewiesen ist damit

---

[14] Putins Tun wird von den Führern des Westens einerseits als die Verrücktheit unterstellt, einen Atomkrieg zu riskieren. Von denselben Führern wird ihm aber andererseits zugleich die »politische Vernunft« zugetraut, den Krieg nicht atomar zu eskalieren – ein Vernunftbefund, der jedoch nicht Putins Verrücktheit, sondern allein die hiesigen öffentlichen Sorgen angesichts möglicher Auswirkungen der eigenen Eskalation relativieren soll.

[15] Putin beherrscht natürlich ebenfalls diese Tour der moralischen Legitimation seiner Kriegszwecke. Sie fällt bei ihm nur etwas weniger grobschlächtig aus. Dass ›der Westen‹ der Böse ist, das ist auch für ihn ausgemachte Sache. Seine Rechtfertigungsargumente, mit denen er der

zugleich, dass Politik ihre *Gründe* fürs Kriegführen *nicht* aus der Moral *ableitet*. Denn jede moralische *Rechtfertigung* von Kriegen unterstellt politische Interessen *jenseits* der Moral. Viel mehr ist noch nicht ermittelt. Weder ist geklärt, *warum* diese Friedensordnung ohne Kriege offenbar nicht zu haben ist, noch, *welche Gründe* Krieg führende Staaten für ihn haben. Die nähere Bestimmung der herrschenden Friedensordnung wird jedoch Auskünfte über die Gründe ergeben, aus denen Staaten zu deren Rettung Kriege führen und was die ›Verbrechen des Bösen‹ sind.[16] Ebenfalls ist noch nicht aufgezeigt, dass diese moralische Propaganda alles andere als – wie es oft heißt – pures Gerede ist. Denn das Gerede kommt an und setzt Maßstäbe für die Stellung des Volks zum Krieg – und zwar in mehrfacher Hinsicht:

6. Volksverdummung

Die *Kriegspropaganda* kommt im Volk an – und zwar in doppelter Hinsicht: Die Bürger werden nicht nur von morgens bis abends mit den moralischen Lügengeschichten *konfrontiert*, sie machen sie sich mehrheitlich auch *zu eigen*. Die politische *Volksverdummung* trägt Früchte. Gute Deutsche, die geistig in den Krieg einsteigen, an dem sich ihr Vaterland beteiligt, und die bis vor kurzem Marder, Panther und Leopard nur aus dem Zoo kannten, wissen jetzt, dass es sich dabei auch um begehrte Kriegswaffen aus heimischen Rüstungsschmieden handelt, die Ihresgleichen suchen können. Sie haben gelernt, dass NATO-Staaten sich

---

russischen Bevölkerung begründen will, warum er »ihre Söhne« für diesen Krieg braucht, fächern dieses moralische Abstraktum auf: Da wird zum ersten historisch völkisch argumentiert und daraus der Rechtsanspruch auf ukrainisches Territorium abgeleitet; zum zweiten wird an den erfolgreichen »Großen vaterländischen Krieg« gegen den Hitlerfaschismus erinnert, der jetzt eine Neuauflage erfahre, da die Ukraine faschistisch regiert und von westlichen Faschisten unterstützt werde; und zum dritten lässt Putin keine Gelegenheit aus, den Krieg als Gottes Wille von seinen Patriarchen absegnen zu lassen und ihm damit die Qualität einer gottgewollten guten Sache zu verleihen.

[16] Darüber soll es im Kapitel IV und dort besonders ab IV.7. gehen.

längst mit diesen Produkten überlegener deutscher Waffentechnologie ausgestattet haben, können nachbeten, wie der Leopard auf dem Schlachtfeld am effektivsten eingesetzt wird, und sind – wie Umfragen ergeben haben – mehrheitlich schwer dafür, dass »wir« der Ukraine »unsere« Vernichtungsgeräte in ihrem heroischen Kampf zur Verfügung stellen.

Dass eine *offensive Kriegsanteilnahme* großer Teile der Deutschen mit darin eingeschlossener *antirussischer Parteilichkeit* sich quasi über Nacht entwickelt hat, dass die Bürger überdies in geradezu unheimlicher Weise auf deren Ausschließlichkeit beharren und andere Auffassungen nicht etwa mit dem Verweis auf »unseren« Wert der Meinungsfreiheit als zwar ziemlich abartige, aber gerade noch geduldete Meinung zulassen, sondern sie sofort als ungehörige, deshalb unzulässige, weil das Volk der Ukrainer verratende Einstellung angreifen,[17] das scheint auf den ersten Blick für sich recht unerklärlich zu sein. Dass Deutsche sich in Schwarz-Rot-Gold dem internationalen Fußballtreiben hingeben und deutsche Siege einfordern, ist schon verstörend genug. Doch vielleicht hätte man erwarten können, dass deutsche Bürger, die mit der Parole »Nie wieder Krieg« groß geworden sind, die kleine Differenz zwischen Sport auf Rasenfeldern und militärischen Kampfhandlungen auf Schlachtfeldern registrieren. Da diese Differenz natürlich bekannt ist, fragt sich erst recht, auf welchem Boden dieser militaristische Nationalismus gewachsen ist, den öffentlich anzuprangern schon einigen Kriegsgegnern schlecht bekommen ist.

Ganz offensichtlich wissen die Bürger, die sich dieserart mit der Politik ihres Vaterlands identifizieren, dass das »Nie wieder Krieg« seinem Gehalt nach längst anders buchstabiert wird: »Nie wieder *ungerechte* Kriege!« – wie solche, die Deutschland zweimal krachend verloren hat. Und auch das kann ihnen nicht erst in der Woche nach dem 24.2.2022, dem Kriegsbeginn in der Ukraine, eingefallen sein. Dass Deutschland wieder ›etwas geworden ist‹, lange Zeit Exportweltmeister war und heute Führungsmacht

---

[17] Siehe auch das Kapitel II über den Pazifismus.

in der EU ist, und dass deswegen dem ›*ökonomischen* Riesen‹ zu seiner *politischen* Größe eine entsprechenden *Militärmacht* zusteht – wie dies deutsche Politiker auch schon vor dem Eintritt in den Ukrainekrieg immer wieder betont haben[18] – , hat offensichtlich einige Überzeugungskraft besessen.

All das hat jenen Bürgern eingeleuchtet, die sich in der Abhängigkeit von staatlich gesetzten Lebensbedingungen nicht nur eingerichtet, sondern diese Abhängigkeit als *ihr per Staatsgewalt geschütztes Lebensmittel* ganz praktisch angenommen haben. Wird ihnen doch mit jeder Wahlbeteiligung das Kunststück abverlangt, sich selbst mit ihren privaten Anliegen irgendwie in den Zielen der Nation wiederzufinden. Das schaffen sie lässig. So ist es ihnen längst zur Gewohnheit geworden, in nationaler Politik, die Deutschland voranbringen soll – sei es Energiepolitik, Klimapolitik oder Aufrüstungspolitik –, *letztlich* und *irgendwie* immer auch ein Stück Sicherung *eigener Lebensbedingungen* zu erblicken.[19] Irgendwie weiß man sich mit deutschen Erfolgen mitbedient und besteht darauf, dass deutsche Niederlagen danach verlangen, bei den nächsten Wahlen bessere Vertreter vaterländischer Politik ans Ruder zu bringen.

In *Kriegszeiten* wird diesem *vaterländischen Denken* deutscher Bürger, man sagt auch *Nationalismus* dazu, etwas mehr, nämlich der *Schulterschluss* zwischen Volk und Führung abver-

---

[18] So z.B. von der Leyen als Verteidigungsministerin, Steinmeier als Außenminister und Gauck als Bundespräsident auf der Münchner »Sicherheitskonferenz« von 2014.(s. J. Wagner, Militärpolitik..., in: junge Welt 18.4.23)

[19] Da muss man nur die sie betreffenden Wirkungen dieser Politik zu Leistungen verdrehen, die allein ihretwegen erbracht werden. Dafür ist besonders die »ohne-dass-Logik« tauglich: Ohne Energiepolitik würden wir im Kalten sitzen müssen; ohne Aufrüstungspolitik wären wir schutzlos dem Feind ausgeliefert usw. Kritische Stellung passt durchaus dazu; etwa mit Fragen, ob auch genug beim kleinen Mann ankäme, ob Deutschland wirklich genug täte usw. Was tatsächlich mit dieser Politik jeweils bezweckt und angerichtet wird, steht dann auf einem anderen Blatt.

langt. Das Vaterland hat ihnen dann als die *Verkörperung* einer Schutzmacht für alle *Werte*, die die Nation ausmachen, zu gelten. Die werden dabei neu gewichtet, weil nichts anderes auf dem Spiel steht als das Wesentliche des nationalen Lebens: Frieden, Freiheit und nationale Souveränität. Arbeitsplätze, Rente und Lohn werden folglich auch *offiziell* auf hintere Plätze der Rangordnung gesellschaftlicher Güter verbannt – mit dem Argument, dass in harten Zeiten eben von jedermann Opfer verlangt werden. Da hinten stehen sie der Sache nach zwar ohnehin immer, aber es soll einleuchten, dass Lohnverzicht für die Sicherung nationaler Rüstungspolitik gegen das Böse eine andere – vaterländische – Qualität hat als derselbe Verzicht für die – letztlich nicht minder vaterländische – Sicherung von Arbeitsplätzen.[20]

Mit der Einrichtung in der 1. Person Plural, dem großen WIR, haben einst große Teile von ihnen bereits die deutsche Beteiligung an Kriegen in Jugoslawien, Afghanistan, Syrien usw. für gerechtfertigt gehalten; zumal friedensbewegte Grüne sie an ihrer Neuinterpretation von »Nie wieder Krieg!« teilnehmen ließen. Mit »Nie wieder Faschismus in der Welt!« wurde eine neue zeitgemäße Lehre aus der ›deutschen Vergangenheit‹ gezogen: ›Es ist deutsche Pflicht, mit militärischer Gewalt gegen alle Herrscher vorzugehen, die wir gemäß unserer gewachsenen außenpolitischen Verantwortung zu faschistischen Diktatoren erklären‹, hieß die neue Botschaft, mit der deutsche Kriegsbeteiligung zu einer Art antifaschistischer Pflichtübung verklärt wurde. Dasselbe funktioniert auch beim Ukrainekrieg über die vorbereiteten Gleichungen, denen zufolge der Krieg gegen den *Bösen* geführt wird, der sein Volk als *Diktator* knechtet, wie das zuvor der *Hitlerfaschis-*

---

[20] In den Monaten der Textabfassung – bis Juli 2023 – bringen deutsche Gewerkschaften mit Streiks für Lohnerhöhungen den öffentlichen Verkehr etwas durcheinander. Das steht erstens dafür, dass die inflationären (Wirtschafts-)Kriegsfolgen die Lohneinkünfte derart angegriffen haben, dass Gewerkschaften sich zum Handeln aufgefordert sehen. Zweitens verweist es darauf, dass die deutsche Kriegsbeteiligung hierzulande das alltägliche Leben praktisch – noch weitgehend – unberührt lässt. Gewerkschaften sehen sich noch nicht zur Kriegsdividende veranlasst.

mus betrieben hat: Und schon hat man *Putin* gemäß dem politisch korrekten antifaschistischen Feindbild eingeordnet.

Eine gute Grundlage für dieses Feindbild hat überdies die *antikommunistische* Volkserziehung in der Nachkriegszeit geleistet.[21] Das KPD-Verbot und die innenpolitische Verfolgung kommunistischen Gedankenguts legen davon Zeugnis ab.[22] Der Bruch Russlands mit dem Sowjetsystem im Jahre 1990 hat daran nichts geändert – und zwar bis heute nicht.[23] Da der Kommunismus der Sowjetunion auf Diktatur und Volksunterdrückung reduziert wurde, passt ein System Putin, das ähnlich verurteilt wird, in diese Logik bestens hinein. Zudem haben dafür auch alle Eroberungen ehemaliger Ostblockstaaten (einschließlich der DDR) durch den Westen gesorgt. Denn die politisch-ökonomisch-militärische *Einkreisung* der Russischen Föderation wurde schon in den vergangenen drei Jahrzehnten immer mit einem *Schutzargument* vorgetragen: Man müsse diese Staaten vor neuerlichem Zugriff durch das bleibend aggressive Russland schützen.

Kurzum: Was auf den ersten Blick als fast unerklärliche Wende im Denken von Deutschen erscheint, ist auf den zweiten so unerklärlich nicht. Wobei eines noch anzumerken ist: Weder das Feindbild über den Staatsmann Putin noch eine Parteilichkeit für den Helden Selensky, dessen Namen und Funktion die meisten Deutschen bis vor Kurzem nicht einmal gekannt haben, folgt aus den *alltäglichen* Sorgen deutscher Bürger, aus ihren *materiellen* Anliegen wie Arbeitsplatz sichern, Geld verdienen, Familie er-

---

[21] Wer mag, kann die Tradition des Antikommunismus bis ins Dritte Reich und noch weiter zurückverfolgen.

[22] Dazu gehören z.B. die Berufsverbote.

[23] In Berlin entsteht gerade ein neues antikommunistisches Denkmal, das natürlich anders, nämlich Freiheits- und Einheitsdenkmal heißt. Es »soll an die friedliche Revolution von 1989 und die deutsche Wiedervereinigung erinnern« Und »als ein Zeichen des Stolzes und der Freude, die Diktatur überwunden und die Einheit Deutschlands wiederhergestellt zu haben, soll das Denkmal Rückblick, aber auch Anstoß sein, den demokratischen Aufbruch fortzusetzen, Demokratie und Einheit zu festigen.« (www.freiheits-und-einheitsdenkmal.de/)

nähren, mal Urlaub machen usw. Das geht nur über deren Verwandlung in Güter, die allein durch *Staatsgewalt* geschützt werden können – in diesem Fall vor dem bösen Putin.

Angesichts des aktuellen Schulterschlusses zwischen großen Teilen des Volkes und der politischen Führung kann es auch kaum verwundern, dass deutsche Bürger massenhaft selbst der Scholzschen »*Zeitenwende*« mit ihrem 100 Mrd.-Etat für zukünftige Aufrüstung folgen; einem Aufrüstungsprogramm, mit dem der Kanzler eben nicht nur das militärische Engagement in der Ukraine begründet, sondern zugleich einen deutschen Anspruch in Sachen militärischer Führung in der EU hinsichtlich der konventionellen Bewaffnung angemeldet hat. Dass Deutschland wieder *militärische Großmacht* werden soll, dass Deutschland so mit dem aufrechterhaltenen Schein bricht, sich nur als zivile Macht in die Weltpolitik einzumischen, scheint vielen deutschen Bürgern geradezu eine Herzensangelegenheit zu sein. Wenigstens sehen sie sich in ihrer Heimat selbst mit der Ankündigung militärischer Großmachtambitionen, mit denen Deutschland im Verbund mit der EU auch ein wenig aus dem militärischen Schatten der USA heraustreten will, gut aufgehoben.[24] Das Diktum der Regierung: Was ist man – in diesen kritischen Zeiten – schon als ökonomischer Riese und politischer Taktgeber in der EU ohne entsprechende *militärische Fundierung?*, hat ihnen nicht nur eingeleuchtet. Es marschieren deutsche Kriegsfreunde sogar seit einiger Zeit geistig der Regierung voran und fordern von Scholz – ungeachtet der russischen Drohung, alles, was er als Einstieg der *NATO* in den Krieg *bewertet*, eventuell auch atomar zu beantworten – mehr und effektivere Waffen für die Ukraine.

---

[24] Vgl. dazu auch das Ende Januar 2023 bekannt gewordene Papier der SPD: »Sozialdemokratische Antworten auf eine Welt im Umbruch«, das die »Zeitenwende« noch einmal als Anliegen der SPD begründet. (vgl. J. Wagner, Militärpolitik..., in: junge Welt vom 18.4.23)

7. Der praktische Nutzen der Volksverdummung

Damit erhält der Patriotismus eine *zusätzliche Qualität.* Es bleibt nämlich nicht dabei, dass deutsche Bürger in die Rolle eines *ideellen* Verantwortungsträgers schlüpfen. Die Parteilichkeit für die gute Sache, an der Deutschland beteiligt ist, lässt sich weiter nutzen; und wird denn auch als Grundlage für die inzwischen in Deutschland flächendeckend angekommenen (Wirtschafts-) *Kriegsfolgen genutzt.*

Brutale Preissteigerungen an der Energie-, Mobilitäts- und Lebensmittel-Front machen als politisch einkalkulierte Folgeschäden der Kriegsbeteiligung den Bürgern das Leben schwer bis zunehmend unbezahlbar.

Dabei wird der zwangsläufige Ärger der Leute darüber, dass der Krieg bei ihnen inzwischen *materiell* ankommt, politisch leicht aufgefangen:

Zum ersten fragt Baerbock, die diesbezügliche Beschwerden der Leute über ihre zunehmende Verarmung gar nicht leiden kann, ob vielleicht *Kriegsmüdigkeit* einreiße. Diese rhetorische Frage muss man sich einmal auf der Zunge zergehen lassen: Wo kürzlich nicht wenige Bürger, von der Politik noch geduldet, ihren *Pazifismus* auf die Straße trugen, wo umgekehrt der Ruf einzelner Politiker aus fast allen Parteien nach deutscher Kriegsbeteiligung in entsprechenden Publikationen als *Kriegshetze* gegeißelt werden durfte, gilt jetzt umgekehrt Kriegsmüdigkeit fast als Vaterlandsverrat und strammes Stehen zu patriotischer Kriegsbeteiligung als zeit- und volksgemäß.

Zum zweiten werden Bürger von Habeck in die Pflicht genommen, wenn er darauf insistiert, dass doch wohl der Krieg gegen Putin das eine oder andere Opfer wert wäre. Allerdings muss er das Teilen der Pro-Kriegsdemonstranten nicht erst sagen. Schon zu Kriegsbeginn stand auf Demoplakaten zu lesen: »Ich friere gern, wenn Putin der Gashahn zugedreht wird.«

Zum dritten weiß eine demokratische Regierung schließlich, dass sie natürlich *zugleich* den Beweis zu erbringen hat, dass sie arme Leute auch in diesen Zeiten nicht im Regen stehen lässt. Und so legt sie mit einigen punktuellen Entlastungen, die nur *symbolischer* Art sind,[25] nach, und zeigt, wie sehr sie die Bereitschaft des Wahlvolks, Kriegsfolgen zu tragen, zu schätzen weiß – selbst schon jetzt, wo Deutschland noch gar keinen Krieg offiziell erklärt hat.

Hinzu kommt noch eine weitere *praktische Ausnutzung* der Bürger für deutsche Kriegsbeteiligung. Es darf nämlich nicht unterschlagen werden, dass alles, was an deutschem Kriegsgerät, deutscher Munition und deutscher Logistik produziert und in Richtung Ukraine transportiert wird, den Einsatz *deutscher Arbeitskraft* erfordert – in Rüstungsbetrieben, die schon Sonderschichten fahren, um Munition für die Ukraine zu produzieren,[26] in deutschem Transportkapital, bei der Bundesbahn etc. Zudem sind an der Ausbildung ukrainischer Soldaten deutsche Ausbilder beteiligt, deutsches Militär kommuniziert Ziele und Angriffswege ans ukrainische Militär usw. Deutsche Kriegsbeteiligung läuft nicht ohne den bereitwilligen Einsatz deutscher Arbeitskraft an der vom Krieg noch verschonten Heimatfront. Von Misstönen oder gar Weigerungen deutscher Lohnarbeiter, sich für diese Kriegsbeteiligung einspannen zu lassen, ist nichts bekannt geworden. Da hat man aus benachbarten europäischen Ländern auch schon anderes gehört: In Griechenland und in Italien haben sich Schauerleute sporadisch geweigert, das für die Ukraine bestimmte Kriegsmaterial zu verladen. Offenbar wird hierzulande die für die Waffenlieferungen anfallende Arbeit dem *Alltag des*

---

[25] Denn zeitlich begrenzte Maßnahmen wie das 9€-Ticket und Tankrabatt usw. gleichen die generelle Verteuerung von Mobilität und Energie nicht im Mindesten aus.

[26] In der Presse wird schon darüber verhandelt, ob so etwas nicht bereits Kriegswirtschaft sei. Die deutsche Wirtschaft sei davon zwar »aktuell noch weit entfernt. Allerdings sind die Übergänge zwischen Kriegs- und Friedenswirtschaft fließend.« Das vermeldet die Süddeutsche Zeitung (SZ) am 25.2.2023 und überrascht ihre Leser zugleich mit einem hübschen Dreisatz: Kriegswirtschaft ist Planwirtschaft, der Sozialismus betreibt Planwirtschaft, also ist »jede Art von Sozialismus … der Versuch, Kriegswirtschaft in Friedenszeiten zu betreiben.«

Arbeitslebens zugerechnet und entsprechend ›ganz normal‹ abgeleistet. Die Kriegsparteilichkeit tut allenfalls ein Übriges dazu.

Mit so einem Volk kann eine demokratisch regierende Staatsgewalt einiges zum Nutzen der Nation anstellen – sofern sich nicht erhebliche Teile von ihm darauf besinnen, dass es im Frieden und vor allem im Krieg bzw. bei der Kriegsbeteiligung allein als *politische Manövriermasse* taugt. Doch ist so etwas nicht absehbar. Und dass es so bleibt, daran ist der politischen Führung sehr gelegen. Denn eines ist auch ihr klar: Gegen den Widerstand großer Teile des Volkes lässt sich ein Krieg weder führen noch vorbereiten.

II. Friedensbewegung

1. Pazifistenausgrenzung

Einen *unrelativierten Einspruch* gegen die wachsende deutsche Beteiligung am Krieg in der Ukraine gibt es von den Pazifisten der Friedensbewegung. Entsprechend werden sie ausgegrenzt und beschimpft: *»wohlstandsverwöhnte Friedensschwurbeler«*, *»Lumpenpazifisten«* (S. Lobo), *»5. Kolonne Moskaus«* (Graf Lambsdorff) lauten einige der netten Denunziationen. Den Vogel hat der Staatsdichter Wolf Biermann abgeschossen, der in der ZEIT verkündete: *»Diese falschen Pazifisten halte ich für Secondhand-Kriegsverbrecher.«*[1] Auf die hier bemühte Logik, derzufolge die bedingungslosen Kriegs*gegner*, die in den Innenstädten ihre Pappschilder mit Friedenslosungen hochhalten und sich dafür anpöbeln lassen müssen, zu den Kriegs*verbrechern* zu zählen sind, muss man auch erst einmal kommen. Da hat dieser Barde im Zorn über fehlende bellizistische Parteilichkeit der Pazifisten wohl einiges – freundlich formuliert – durcheinandergebracht: Einer hier inzwischen aus dem Rahmen fallenden *Meinung* (!) einer *Minderheit* (!) von *Bürgern* (!), denen jedes Staatsamt mit der Kompetenz zur Befehligung von Militär ein Gräuel ist, wird selbst eine *Kriegsbeteiligung* mit *verbrecherischen* Auswirkungen nachgesagt, derer sonst nur Putin bezichtigt wird. Der Vorwurf einer *theoretischen Unterlassung* gerät so zur Anklage einer *praktischen Kriegstat.* Im Ernst: Von einer geistigen Haltung der ›*Untertanen*‹ im entfernten Deutschland soll jenes Leid abhängen, das von *Staaten* im Krieg – nicht nur – an Ukrainern angerichtet wird!? Was die *richtigen* Pazifisten für Biermann sind – im Unterschied zu den *»falschen«* –, das ist dann keine Frage mehr: Das sind all jene Mitbürger, die den Kriegskurs der Regierung teilen, ihn stützen und immer mehr Waffen fordern, mit de-

[1] Nach: junge welt vom 28.10.22

nen in der Ukraine jener über die Leichen von Feind und Freund gehende *Friede* hergestellt werden soll.[2]

Die Beurteilung dessen, was die Pazifisten umtreibt, wenn sie den Wunsch nach Frieden auf ihre Fahnen schreiben, erledigt sich jedoch nicht über die Kritik unqualifizierter Beschimpfungen der zitierten Art. Es sollte einem allerdings auch fern liegen, aus der Verhöhnung der Pazifisten umgekehrt den Schluss zu ziehen, dass sie unbedingt zu *verteidigen* sind. Um eine Prüfung ihrer Anliegen kommt man nicht herum. Was die Pazifisten[3] wollen, ist weder mit dem Bedürfnis zu verwechseln, einfach *in Frieden gelassen* zu werden, noch geben sie sich selbstgenügsam mit *ihrer* friedlichen *Gesinnung* zufrieden. Immerhin machen sie sich ja ständig *öffentlich* bemerkbar. Aber es handelt sich bei ihrem Friedenswunsch – umgekehrt – auch nicht um eine *Kampfansage* an all jene Staaten, die im Verkehr miteinander wenig fried-

---

[2] Inzwischen muss man die Friedensbewegten nicht einmal mehr beschimpfen. Es reicht völlig aus, sie als »das Projekt eines übrig gebliebenen Teils einer Generation« von Graubärten, folglich als nicht befassungswürdig einzuordnen. Hinweise von Pazifisten, dass man auch die »Vorgeschichte« des Krieges zur Kenntnis nehmen müsste, werden nicht zurückgewiesen, sondern als ausreichender »Einblick in (ihr) Gedankengebäude« gewertet, das »dem Kreml Brücken bauen will, die der gar nicht bestellt hat«, und das allein die »Angegriffenen ins Unrecht setzen will«. (SZ, 29./30.4.23) Eine Befassung mit den Einwänden wäre da völlig fehl am Platze. Das pure Deuten auf sie reicht schon aus, um sie als Fehlgeleitete oder gar Lumpenpack auszugliedern.

[3] Es ist mir – um einem schlechten Einwand zuvorzukommen – bekannt, dass es ein Spektrum von Pazifismus gibt, das von gläubigen Christen bis hin zu sich antiimperialistisch nennenden Gruppierungen reicht. Mir geht es darum, Gemeinsamkeiten des politischen Treibens dieses pazifistischen Pluralismus zu benennen und zu prüfen. Wenn sich ein Leser, der sich dem Pazifismus zurechnet, von meiner Kritik nicht getroffen sieht, dann soll er mich nicht beschimpfen, sondern prüfen, ob meine Argumente zur Kritik der Hardcore-Pazifisten, zu denen er sich wohl begründet nicht zählt, taugen.

lich umgehen.[4] Immerhin sehen sie in eben diesen Staaten die *zuständigen Adressaten* für die *Erfüllung* ihrer Friedenswünsche, versprechen sich von staatlicher Politik den Einsatz für die Absage an Gewalt im Staatenverkehr: *»Frieden schaffen ohne Waffen«*, so lautet die Aufforderung an Regierungen. Genau das ist denn auch der Kern ihres pazifistischen Anliegens: Sie fordern von *Staaten Friedfertigkeit* nach innen und *Gewaltlosigkeit* bei der Austragung ihrer Gegensätze im Außenverkehr. Sie mischen sich also als *Privatsubjekte* in *Staatsaffären* ein, fordern als verantwortungsbewusste Bürger von Staaten, besonders von ihrem Heimatstaat, dass er abrüsten, den Rüstungsetat umwidmen, die Produktion und den Export von Rüstungsgütern verbieten soll etc. Natürlich verpflichten sie sich auch *selbst* zur *Friedfertigkeit*. Ihre eindeutige Kritik am Krieg schließt für sie ein *privates Bekenntnis* zur *Gewaltfreiheit*, mithin ihre vorbildliche Selbstdarstellung als in dieser Hinsicht *moralisch saubere Privatsubjekte* ein. Soweit erst einmal nur ihr Anliegen. Was ist von diesem Anliegen zu halten?

2. Falsche Kriegskritik der Pazifisten ...

Zunächst einmal: Dass sich Pazifisten rückhaltlos *gegen* Krieg aussprechen, dass sie an diesem doch eigentlich selbstverständlichen Urteil gerade jetzt unbedingt festhalten, *spricht für sie*. Gerade in der heutigen Zeit der nationalen Befürwortung von deutscher Kriegsbeteiligung ist das alles andere als selbstverständlich.

Allerdings sollte man darüber nicht versäumen, ihr *Nein* zum Krieg auf seine *Gründe* hin zu befragen. Wenn man jedoch in Debatten mit Friedensfreunden nachfragt, erntet man in der Regel nur ein ungläubiges Staunen, das sich so artikuliert: ›Braucht es denn dafür Begründungen, wo doch jeder Krieg *ungeheuerliche Opfer, schreckliches Leid* produziert, *Land und Leute zerstört*, auf allen Seiten *Elend* mit sich bringt?‹ Und nicht selten wird zur

---

[4] Solche Urteile finden sich bei einigen antiimperialistischen ‹Friedensfreunden›.

Untermauerung dieser empörten Gegenfrage noch die rhetorische Anfrage nachgeschoben, ob man nicht selbst lieber im Frieden lebe als im Krieg Opfer von Bomben zu werden.

Diese Antwort erscheint zunächst zwingend: In der Tat wird und kann niemand die Gräuel, die zum Krieg gehören, leugnen. Es sind Fakten und die sind schrecklich. Empörung und Wut stellen sich ein. Zudem wird jedermann die Vorstellung, selbst unter Kriegsbedingungen sein Überleben sichern zu müssen, für eine grauenvolle Sache halten. Aus der Feststellung der Schrecken des Krieges folgt jedoch immer nur eins: Man hat sich die Frage vorzulegen, was diesen Krieg als militärisches Gegeneinander von Staatsgewalten auszeichnet, warum sich Staaten wechselseitig Zerstörung und ihren Bevölkerungen maßloses Leid antun. Doch die Befassung mit diesen Fragen ist nicht die Sache von Pazifisten, wie ihrer Gegenfrage zu entnehmen ist. Das *Deuten auf Leid* macht für sie jede weitere Klarstellung überflüssig.

Dazu gehört, dass sie am Krieg primär seine *zerstörerischen Wirkungen* festhalten, deren Opfer im Krieg die Bürger sind. Und sofern ihre Kriegskritik sich darin erschöpft, *verfehlen* sie, was einen Krieg als den *politisch* begründeten und dann *militärisch* ausgetragenen *Konflikt zwischen Staaten* im Kern ausmacht; welchen Zwecken diese Zerstörungsorgien dienen. Das Elend zu konstatieren, das die Kriegswirkungen an Land und Leuten herbeiführen, kann immer nur der *Einstieg* sein für die Klärung der Frage: Wie kann es zu dem Irrsinn kommen, dass Staaten ihre *Bürger* und große Teile des von ihnen geschaffenen *Reichtums* als *Vernichtungsmittel* gegen den Feind einsetzen? Es ist doch auch für Pazifisten offensichtlich, dass ›der Krieg‹ *kein subjektloses,* einem Schicksal oder einer Naturkatastrophe ähnliches verhängnisvolles Ereignis ist. Natürlich ist ihnen nicht unbekannt, dass Krieg immer eine Sache zwischen mindestens *zwei politischen Subjekten,* also zwischen zwei *Staatsgewalten* ist. Jedoch stehen die bei ihnen vornehmlich als *verantwortungslose Verursacher* der schlimmen *Wirkungen* des Krieges in der Kritik.

Dass Staaten *ihre politischen Gründe* für die ruinösen Kreuzzüge haben, die sie gegeneinander führen, fällt dieser Betrachtungsweise damit zum Opfer – und zwar *zwangsläufig*: Denn mit der Entdeckung, dass Staaten politisch begründet Kriege vorbereiten und zweckmäßig führen, dass also ihre Politik den Willen zum Krieg als Durchsetzungsmittel einschließt, wären Staaten als *geneigte Ansprechpartner* für die pazifistischen Friedensfreunde glatt nicht mehr brauchbar, hätten sich die Pazifisten glatt von ihrer politischen Mission zu verabschieden.

Bei der Aufzählung der zerstörerischen Wirkungen der Kriege kann eine Kriegskritik auch schon deshalb nicht stehen bleiben, weil es *niemanden* gibt, der sich einer solchen Verurteilung von Kriegsgräueln *nicht* anschließt. Auch die staatlichen Kriegstreiber, *gegen* deren Treiben sich Pazifisten gerade wenden, erklären *glaubhaft*, dass Tod, Leid und Zerstörung schlimme Kriegsfolgen sind, die sie lieber vermeiden würden. Pazifistisch werden sie deshalb natürlich nicht; denn sie haben sofort jenes »*Aber*« oder »*Leider*« zur Hand, mit dem sie mit erfundenen Notwendigkeiten ihre politischen Interessen legitimieren, Kriege beginnen und dabei den Schaden möglichst klein halten wollen – natürlich nur den bei sich.

3. … und ihr moralischer Gehalt

Friedensfreunde dagegen *bleiben dabei*, den Krieg ganz aus der *ideell* eingenommenen Perspektive von ohnmächtigen, von *Kriegsfolgen betroffenen Bürgern* zu bestimmen. Mit ihrer Kriegsfolgenverurteilung kritisieren sie den Krieg allein aus ihrem *wertegeladenen Gefühlshaushalt,* also vom Standpunkt von *Privatpersonen*, die in Kriegen die *Opfer* sind: Sie können das Leiden der Menschen im Krieg nicht ertragen, erklären Gewalttätigkeit für unmenschlich und sehen in jedem Kriegsopfer einen Anschlag auf den hohen Wert der Friedfertigkeit, der nicht nur das Leben der Menschen, sondern eigentlich ebenso das Verhältnis der Staaten untereinander bestimmen müsste. Krieg ist dann nur noch das *Böse,* das über die Menschen kommt. Die konstatierten Leichenberge und Ruinen, die massiven Beschädigungen, die im Krieg anfallen, fassen sie nicht *sachlich*, sondern *moralisch*: Sie ordnen sie umstandslos und ausschließlich als *Unrecht,* als *unmenschlich*, als *barbarisch* etc. also als Offenbarungen von *Unwerten* ein.[5]

Noch einmal anders formuliert – um Missverständnisse zu vermeiden: Dass jedes Kriegsgeschehen, dessen man ansichtig wird oder das über einen kommt, sofort heftigste Gefühlsregungen auslöst, ergibt sich aus dem Leid, das Menschen im Krieg angetan wird. Dagegen ist kein Kraut gewachsen.[6] Wer sich nun in seine ablehnenden Gefühle eingräbt, wer es nicht schafft, eine theoretische Distanz zu dem aufrührenden Geschehen herzustellen, der unterliegt der Gefahr, den Krieg auf das Elend zu reduzieren, das der den Kriegsopfern zufügt. Er *bleibt* damit beim mehr als billigen Wunsch, das Leid möge ein Ende haben, also bei der puren *Sehnsucht nach Frieden.* Nicht selten – es gibt eben viele Christen unter den Pazifisten – richtet sich der Wunsch auch an *jenseitige* Mächte, die im Übrigen offenbar nichts dagegen einzuwenden haben, dass sie von *allen* Seiten angerufen werden: Die friedensbewegten Christen wünschen vom Herrgott ein *Ende* des Krieges und beide kriegführenden Staaten beten zu ihm, auf dass das *Kriegsglück* bei ihnen liege.

Pazifisten *vermenschlichen* den Krieg zu einer *Abweichung* von jenem menschengemäßen Umgang, der ihrem Friedensideal entspricht, damit zur Abweichung von ihrer eigenen, zur gültigen Norm erklärten privaten sittlichen Befindlichkeit.[7] Die *Mo-*

---

[5] Diese, dem Pazifismus eigene moralische Fehldeutung des Krieges ist im übrigen das Muster, das allen Kinderbüchern zum Krieg zugrunde liegt, die ich in die Hand bekommen habe.

[6] Allerdings wäre zugleich zu überlegen, ob es denn wirklich fürs Erschrecken vor Kriegselend immer erst der Anschauung bedarf. Dass Kriege diese Gemetzel sind, das weiß man doch. Dass zwischen Wissen und Anschauung die schlimmen Bilder liegen, das stimmt zwar. Deren Anschauung könnte neben dem Gefühl des Abscheus vielleicht zusätzlich zu dem Gedanken führen, dass man schon vorher bereits alles gewusst hat; dass man folglich wieder einmal mit seiner Ablehnung zu spät gekommen ist.

[7] Das ähnelt der Logik eines Kleinkindes. Beispiel: Das Kind, das sich am Herd verbrennt, erklärt diesen für böse und haut ihn. Er ist sei-

ral ersetzt auch hier die *politische Beurteilung* von Staatshandeln: hier jedoch als *moralische Verurteilung* des Krieges, nicht als seine moralische *Legitimation.* Durch diese Entpolitisierung wird der Krieg zugleich *verharmlost.* Das klingt zunächst paradox, wo doch immer auf die schlimmen Kriegsgräuel verwiesen wird. Beleg für diese Verharmlosung ist die unterstellte *Gleichsetzung* erfundener politischer Kalkulationen von *Staatsgewalten* mit dem privaten Friedfertigkeitsbemühen der Pazifisten: Sie denken sich die kriegerischen Aktionen der Staatsgewalten – vornehmlich die der Heimatstaaten – als nur aus dem Ruder gelaufene Initiativen. Dabei gehört schon eine gehörige geistige Anstrengung dazu, den laufenden Kriegsereignissen *nicht* zu entnehmen, dass Staaten alles Vernichten und Zerstören im Krieg *militärisch kalkuliert* in Szene setzen, dass sie v*ermittels* der Zerstörung von Land und Leuten den Feind zu einer Kapitulation, d.h. zum *Ablassen* von seinem feindlichen *Staatswillen* zwingen wollen. Staaten, die sich »im Frieden« wechselseitig um Aneignung und *Vermehrung* von Geld-Reichtum bemühen und ihre Erfolge in Wachstumsraten messen, und die nun all das, was dazu gehört, – Arbeitskräfte, Arbeitsmittel und Arbeitsprodukte – *zum Zwecke der Zerstörung* des feindlichen Reichtums einsetzen, sogar unter Inkaufnahme, dass eigener Reichtum und eigene Bürger massenhaft draufgehen, gelten ihnen als Mächte, die sich nur an dem *vergehen*, was sie als deren *eigentlichen Auftrag* erfinden.

Den Anliegen der diesseitigen, ganz irdischen Kriegstreiber kommt nur derjenige auf die Spur, der begriffen hat, dass er seine Gefühlsregung unbedingt in eine sachliche Kriegskritik übersetzen muss. Zwar *endet* kein Krieg dadurch, dass man ihn *erklärt.* Wie auch! Aber *ohne* richtige Erklärung fehlt es *gänzlich* an Urteilen, gegen wen sich eine praktische Auflehnung richten

nem kindlichen Grabbelwunsch nicht zu Willen; das ist er dann: böse! Der Herd ist nicht mehr Kochgelegenheit, sondern Kinderquäler. Friedensfreunde brauchen für ihr logisch identisches Urteil nicht selbst die Kriegserfahrung; sie sehen die Kriegsfolgen und erklären die zum Kern des Krieges.

müsste; auch wenn – wie im aktuellen Fall – die Benennung von Ross und Reiter bzw. Rössen und Reitern zugleich keine erfolgversprechende *praktische* Perspektive für die Kriegsbeendigung der Staatsgewalten eröffnet. Aber immerhin liefert sie gute Gründe und gute Argumente, um wenigstens *gegen die Parteilichkeit der Mitbürger Front zu machen*, auf die sich Kriegspolitik zurzeit noch weniger stützt als beruft. Die falsche pazifistische Kriegsbestimmung ist dagegen – wie im Folgenden noch weiter zu zeigen sein wird – nichts als eine früher mehr, heute weniger geduldete *moralische Begleitung* kriegsträchtiger Politik, die sich ihrer ohnmächtigen Hilflosigkeit nicht einmal bewusst ist.

4. Falsches Urteil über den Frieden

Mit den Fehlurteilen über den Krieg korrespondieren bei den Pazifisten die Urteile über den *Frieden*.

Doch vorab noch einmal: ›Frieden‹ ist – wie sich auch noch bei Wikipedia nachlesen lässt[8] – seinem *Wortinhalt* nach nur *negativ* bestimmt. Denken soll man an Lebensverhältnisse, die *ohne* den Einsatz von Gewalt auskommen, an Verhältnisse zwischen Ländern, in denen *kein* Militär zum Einsatz kommt. Mehr sagt das *Wort* Frieden zunächst nicht aus. Dazu muss man sich allerdings Lebensverhältnisse denken, die das auch *zulassen*. Mit den hiesigen haben sie nichts zu tun.

Das *scheint* auch den Pazifisten nicht ganz unbekannt zu sein. Obwohl sie strikt an dem irren Vergleich festhalten, dass der Frieden »immer noch besser als Krieg« sei. Allein, dass im Frieden die Menschen *nicht* wie im Kriegsgeschehen umkommen, soll *für ihn* sprechen!? Ein komisches Argument: Wie kommen die Friedensfreunde auf die absurde Idee, im Frieden immer Bomben zu erwarten, die dann gottlob *nicht* fallen. Zugleich betonen sie aber regelmäßig, dass sie dennoch *nicht alles* lobenswert finden, was die Friedensverhältnisse im Kapitalismus auszeichnet. Und sie zählen jene ›Krisen‹ auf – Umwelt-, Wohnungsbau-, Beschäftigungs- oder Bildungskrisen usw. –, die den Kapitalismus,

---

[8] Siehe auch Kapitel I.

solange es ihn gibt, *begleiten,* und deren regelmäßige öffentliche Benennung deshalb längst zum guten politischen Ton gehört.

Wenn sie darauf insistieren, dass Frieden durchaus *mehr* sei als *kein Krieg,* dann untermauern sie das damit, dass sie sich schon einen *sozialen*, *gerechten*, *ökologischen* und vor allem *gewaltfreien Kapitalismus vorstellen könnten.* Dafür allerdings, betonen sie, müsste so ein Kapitalismus per *»Friedensgestaltung«* erst einmal zu einem *»positiven Frieden«* umgestaltet werden. Theoretiker der Friedensbewegung entdecken nämlich neben dem *»Frieden als Negativ-Zustand«* den *»positiven Frieden«.* Der stellt eine *»Existenzform des Friedens* (dar), *die dazu verpflichtet,«* den Frieden zu *»gestalten«.*[9] Das Argument lebt davon, sich zunächst den Kapitalismus ohne all das zu *denken*, was zum Krieg führen könnte. Damit hat man die *Möglichkeit* des »positiven Friedens« ermittelt. Der Kapitalismus gibt ihn her! Hurra! Dann muss man nur noch dieses mögliche Ideal gestalterisch in Angriff nehmen. Und wenn der »positive Frieden« erreicht ist, stört – hübsche Tautologie – nichts mehr den Frieden. Mit *»gestalten«* meinen sie nichts anderes als von den politischen Verwaltern des realexistierenden Kapitalismus zu fordern, *»alles zu unterlassen, was zur Entfesselung eines Krieges führen kann«.* Was da im Einzelnen zu *unterlassen* ist, findet sich in den Friedensaufrufen aller einzelnen Friedensinitiativen fast gleichlautend.

Exemplarisch sei die folgende Sammlung angeführt:

- *»Die aktuelle Rüstungsspirale, an der viele Staaten der Welt, darunter Deutschland, beteiligt sind, muss zum Wohle aller Menschen gestoppt werden. Denn jeder Euro, Dollar oder Rubel, der ins Militär fließt, fehlt im Kampf gegen globale Menschheitsprobleme wie die Klimakrise, Armut oder die Coronapandemie.«*[10]
- *»Keinen Euro für Krieg und Zerstörung! Stattdessen Milliarden für eine soziale, gerechte und ökologische Friedenspolitik!«*[11]

---

9 In: Friedensforum 6/22, S. 18

10 www.Stoppt-Das-Toeten.de

11 www.friedenskooperative.de.

- *»Keine 2% des Bruttoinlandsprodukts für den jährlichen Rüstungshaushalt sowie Umwidmung des 100 Milliarden-Aufrüstungspakets in ein Investitionsprogramm für Soziales, Gesundheit und Bildung.«*[12]

Da kommt Einiges zusammen, was diese Initiativen der Politik kritisch entgegenhalten: Nicht nur, dass der Staat nicht eben geringe Teile des Staatshaushalts für Rüstung und für die übrige Infrastruktur des Militärs ausgibt und dass das Rüstungskapital gesponsert wird, überdies machen Teile des nationalen Kapitals – ungehindert – ihr Geschäft mit Rüstungs- oder Dual-use-Gütern und sorgen so dafür, dass deutsche Waffen in aller Welt töten usw.[13] All das stellt in den Augen der Pazifisten die Summe an *Verfehlungen* dar, derer sich die herrschende Politik schuldig macht.

Auffällig ist an dieser staatsidealistischen Konstruktion so einiges.

Zum ersten: Diese Aufrufe und Forderungskataloge nehmen mit ihren kritischen Auflistungen *nur* die *Zerstörungsmittel,* deren Produktion nebst Export und besonders die *Kosten,* die sie für den Staat darstellen, ins Visier. Diese *selektive Kritik* an angeblich vergeigter staatlicher Friedenspolitik ist beachtlich: Die Friedensfreunde schaffen es selbst im Zusammenhang ihrer eigenen kritischen Aufzählung von *Mitteln* der Kriegsvorbereitung der Frage aus dem Weg zu gehen, welche politischen *Gründe* Staaten vielleicht für die Anschaffung von dem Zeug haben, *warum* sie sich eine Rüstungsindustrie mit -zig Tausend Arbeitskräften leisten, die mit der Herstellung von Tod bringenden Gerätschaften ihren Lebensunterhalt verdienen, und *warum* sie enorme Summen für private und staatliche Militärforschung, also dafür aufwenden, dass ausgebildete Naturwissenschaftler ihren Verstand zur Entwicklung von immer besseren Zerstörungsmitteln und -strategien einsetzen.

---

[12] www.koop-frieden.de/aufruf-zum-bundesweiten-dezentralen-aktionstag-verhandeln-statt-schiessen-am-1-oktober-2022

[13] Deutschland ist viertgrößter Rüstungsexporteur. (de.statista.com/infografik/24412/das-sind-die-groessten-waffenhaendler-weltweit/)

Kurz: Sie belassen es bei ihrer *Mittel*-Kritik und legen damit geradezu die absurde Deutung nahe, dass Kriege allein ein *Produkt der vorhandenen Kriegsmittel*, also schlicht aus deren Existenz zu erklären sind.

Zum zweiten: Diese selektive Kritik steht dabei nicht für einen schlichten theoretischen Mangel, der sich per Ergänzung beheben ließe. Vielmehr gehört sie notwendig zur Logik ihres falschen pazifistischen Denkens. Alles, was den Friedensfreunden an staatlicher Politik nicht passt, deklarieren sie als *politische Unterlassungen*. Der Staat, darunter eben der hiesige als erster Ansprechpartner, macht sich mit seiner Aufrüstung etc. der Unterlassung von Friedenspolitik schuldig, er unterlässt es, all das zu unterbinden, *»was zur Entfesselung eines Krieges führen kann«*. Denn für dieses, sein unfriedliches Tun, wissen die Freunde dieses Staatsideals, kann der Staat – vornehmlich der »unsere« – gar keine *positiven* Gründe haben. Sein Tun, so geht die absurde Konstruktion weiter, besteht denn auch in der *Verfehlung* all dessen, was seine Aufgabe wäre und was Pazifisten zusätzlich im Grundgesetz als höchsten Zweck des Staates (er-)finden: Friedenspolitik zum Wohle aller Menschen.

Nun kann es allerdings nicht sein, dass die Staaten immer nur etwas unterlassen, immer nur *nichts tun*. Sie tun ja etwas. Doch das, was sie tun – hier zunächst: mit Kostenaufwand Kriegsmittel beschaffen –, das gilt den Friedensfreunden als die *Unterlassung* ihres *eigentlichen Auftrags*. Es verfehlen demzufolge die Staaten den politischen (Friedens-)Zweck, der ihrer Räson angeblich tiefverwurzelt innewohnt, den die Regierenden zwar so gar nicht kennen, was aber nichts macht, da ihn ja die Pazifisten ermittelt haben und der Obrigkeit regelmäßig und unerschütterlich demonstrativ zur Kenntnis bringen. Der Widerspruch, der im kleinen Wörtchen ›eigentlich‹ steckt, ist dabei der Witz an der Sache. Denn damit wird von dem *Wissen* ausgegangen, dass die Staatsmacher aufrüsten, was das Zeug hält, Kriege vorbereiten, sich in sie einmischen oder sie anderen Staaten erklären; und es wird all das damit zugleich *geleugnet*: Das, was sie tun, ist nicht das, was ihnen als – demokratische, zivile, westliche, moderne ... – Staaten zukommt.

Das ist schon eine verzwickte Form der *Reinwaschung* der *Staatsräson* solcher Staaten. Dazu gehört zusätzlich, die *Inhaber* der Staatsämter als die *Frevler* von den *guten Zwecken* zu trennen, die in ihrem *Amt* inkarniert sind. An diesen guten Amtszwecken halten die Friedensanhänger fest, obwohl es an Frevlern aus allen Parteien wahrlich genug gibt, und seit Jahrzehnten auf den einen immer nur der nächste Frevler im Amt nachfolgt. Auf die Idee, einmal *umgekehrt* aus dem, was gewählte Politiker tatsächlich *praktisch treiben*, auf den *Auftrag* zu schließen, der ihr *Amt* ausmacht und der allein Aufschluss über die nationale *Staatsräson* gibt – so verfährt normalerweise jeder Versuch, sich Wirklichkeit geistig zu erschließen –, verfallen sie nicht. Davor hat ihr staatsidealistisches Denken eine geistige Mauer errichtet: Denn es kann nicht *sein*, was nicht sein *darf*! Ihre Wirklichkeit ist eine durch und durch *erfundene*, in der alles, was sie der Politik so an Unfriedlichem vorhalten, zwar ihren Platz hat – aber eben nur als Zeugnis *politischer Pflichtvergessenheit.*

5. »Die Rüstungsindustrie erpresst die Politik«

Die *Kostenfrage*, die die Friedensbewegungen ganz besonders beschäftigt, hat – dies zum dritten – zu einer besonders aparten Debatte geführt. Es passt ihnen – wie gezeigt – nicht, dass das schöne Geld für so unschöne Dinge wie die Aufrüstung ausgegeben wird, wo doch eine rein *zivile Verwendung der Staatsgelder* nicht nur anstünde, sondern angesichts der aufgezählten Mängel in der bundesdeutschen Zivilgesellschaft eine Notwendigkeit wäre. Dafür, dass der Staat *nicht* leistet, was ihrer freundlichen Staatsbestimmung zufolge sein Zweck ist – wie gesagt: mehr für Bildung, mehr für Gesundheit, mehr fürs Klima etc. –, führen sie eine *Erklärung* an, die die Entschuldigung von Politik fortsetzt. Denn um zu erklären, warum Staaten erhebliche Teile ihres Haushalts in die Produktion solcher Vernichtungsmittel stecken, lassen sie sich regelmäßig die *Rüstungsindustrie* als verantwortlichen Bösewicht einfallen. Sie soll Politiker oder ganze Regierungen in der Hand haben und von ihnen Auftrag um Auftrag erpressen; mit dem Resultat, dass auf diese Weise Waffenarsenale in der

Welt sind, die dann Staaten zum Kriegführen *verführen*. Warum eigentlich? Und um welche Aufträge handelt es sich? Und gegen wen wird dann Krieg geführt? Die Friedensfreunde berufen sich darauf, dass es den Rüstungsbetrieben allein um den Profit geht, wenngleich Profit bei ihnen weniger eine ökonomische als vielmehr eine moralische, allein auf die Gier unersättlicher Kapitalisten zurückgeführte Kategorie ist.[14] Nun liefert jedoch jeder Frieden und jeder – auch der aktuelle – Krieg hinreichendes Anschauungsmaterial dafür, dass sich Staaten wohl kaum wegen der Profite der Rüstungsindustrie in irgendwelche Kriege hetzen lassen: Denn erstens lässt sich aus der kapitalistischen Geschäftskalkulation dieser Konzerne nicht erklären, welchen Staaten warum von welchen anderen Staaten der Krieg erklärt wird. Doch der Logik der Pazifisten zufolge gibt es für eine militärische Eskalation in zwischenstaatlichen Verhältnissen keinen anderen Grund, als dass mal wieder Panzer und Raketen darauf warten, zum Einsatz gebracht zu werden – nur damit die Auslastung der Rüstungskonzerne nicht ins Stocken gerät. Da stellt sich z.B. auch die Frage, warum Staaten das gekaufte Kriegsgerät eigentlich *einsetzen* müssen, statt es einfach im Meer zu versenken, um dann neues zu bestellen. Es sind doch sie selbst, die immer darauf deuten, welch eminente Schäden der Krieg anrichtet; (natürlich auch für das Rüstungskapital selbst, das im Krieg bevorzugtes Ziel des gegnerischen Zerstörungspotenzials ist.) Zweitens liefert die Rüstungsindustrie bekanntlich über den Weltmarkt allein gemäß zahlungskräftiger Nachfrage fast jedem Staat alles, was das Herz der jeweiligen Militärs erfreut, und zwar ungeachtet der weltpolitischen Gegensätze zwischen Staaten – wenn nicht jene Staaten mit *Ausfuhrverboten* intervenieren, die doch angeblich

[14] Über die Verwandlung des in der Anlage von Kapital zwecks Geldvermehrung steckende Profitinteresses in die Gier von Kapitalisten, die den Hals nicht vollkriegen können, wird es zur rein menschlichen Verfehlung im ökonomischen Handeln von Kapitaleigentümern erklärt. Mehr Demut und Bescheidenheit bei denen und schon wäre der Kapitalismus ein Dienst an der Menschheit.

nichts anderes als das Profitinteresse des Rüstungskapitals umtreibt. Und drittens lebt diese Annahme davon, dass es eigentlich egal ist, welches Kriegsgerät produziert wird: Stahlhelme, Kalaschnikovs oder Atombomber. Hauptsache per Staatsknete wird der Konzerngewinn finanziert. Wenn allerdings zugestanden wird, dass die staatliche Nachfrage nach Rüstungsgütern keineswegs beliebig ist, sondern Maß nimmt am Stand der Aufrüstung von Rivalen, die mit mehr und besserem Gerät besiegt werden sollen, dann liegt auf der Hand, was den einheimischen Rüstungsabnehmern einfach nicht zugetraut wird: Staaten haben *ihre* Gründe für Aufrüstung und den Aufrüstungswettbewerb.[15]

6. »Das Friedensgebot steht doch im Grundgesetz«

Zur Untermauerung ihres zentralen Anliegens, Staaten mögen im Verkehr untereinander auf Gewaltmittel gänzlich verzichten, berufen sich diese Friedensfreunde regelmäßig auf die *Präambel des Grundgesetzes.* Dieses Gesetz gilt ihnen als die gewichtigste, felsenfest gefügte nationale Berufungsinstanz. Ihr Glaubensgrundsatz: Was dort – gerade in der Präambel – kodifiziert ist, hat das Maß zu sein, an dem sich deutsche Politik zu bewähren hat. Auch darin liegen die Pazifisten falsch.[16] Denn wenn es in der Präambel heißt, dass das ›Deutsche Volk‹ *»im Bewusstsein sei-*

---

[15] In Debatten, die ich mit Pazifisten geführt habe, wird regelmäßig darauf insistiert, dass Staaten für ihre Kriege »natürlich Gründe haben«. Das sei allemal unterstellt. Bei der Frage, was die Regierung z.B. beim Ukrainekrieg umtreibt, was sie da unterstellen, wird schon mal das Kanzlerwort, dass Putin nicht gewinnen dürfe, zitiert. Dem Hinweis, dass damit die gesamte pazifistische Argumentation widerlegt sei, möchte man jedoch nicht zustimmen: Denn daran, dass Scholz dieses Kriegsziel formuliert, könne man doch sehen, dass der alles unterlässt (!), was den Frieden sichern kann.

[16] Dass damit zugleich ganz grundsätzlich der Charakter des Grundgesetzes verfehlt wird, ist z.B. dort nachzulesen, wo alle kleineren und gewichtigen Grundgesetzänderungen verzeichnet sind. Siehe dazu: www.bundestag.de/resource/blob/494342/c988a114889d64da27975b0f72d71e97/Aenderungen-des-Grundgesetzes-seit-1949-data.pdf

ner Verantwortung vor Gott und den Menschen, von dem Willen beseelt (ist), *als gleichberechtigtes Glied in einem vereinten Europa dem Frieden der Welt zu dienen, ...«*, dann ist nicht angekündigt, dass Deutschland abzurüsten und aus der NATO auszutreten gedenkt, nicht, dass die Bundeswehr aufgelöst und dem nationalen Rüstungskapital die Umrüstung auf die Herstellung ziviler Produkte vorgeschrieben wird. Wie auch: Dann wäre die Geschichte der Bundesrepublik ein einziger Verstoß gegen das Grundgesetz gewesen. Unbemerkt von den Verfassungsrichtern? Es ist eben in dieser Friedensdeklaration nicht die Rede davon, dass bei der Erledigung des *Friedensdienstes* hinsichtlich seiner *Mittel* auf den Einsatz von Gewalt verzichtet werden soll. Aber genau das denken sich Pazifisten zur Präambel des Grundgesetzes dazu: ›Wenn der Staat sich schon dazu verpflichtet, dem *Frieden zu dienen*, dann kann er dafür doch nicht *unfriedliche Mittel* einsetzen‹. Der Fehlschluss liest sich bei ihnen dann so: *»Das Grundgesetz erhebt ... das Friedensgebot zum Staatsziel und stellt in diesem einen verfassungsrechtlich determinierten Auftrag zur Friedenswahrung und Friedensgestaltung ... dar. Daraus lässt sich* (wirklich?) *die Verpflichtung einer an Gewaltfreiheit orientierten Handlungsmaxime für die Verfassungsorgane und die Bundesregierung ableiten.«*[17]

Eine von Friedensbewegten auf dieser Grundlage bei Verwaltungsgerichten jüngst eingereichte Klage hinsichtlich der Verfassungsgemäßheit der deutschen Beteiligung am Ukrainekrieg ist die passende Reaktion von diesen Verfassungspatrioten. Ernstlich stellen sie sich auf den Standpunkt, dass Gerichte, also Agenturen jener herrschenden Staatsgewalt, die den Ukrainekrieg nach Recht und Gesetz mit betreibt, darüber entscheiden sollen, ob das Abschlachten von Menschen, das Ruinieren ganzer Landstriche in der Ukraine, ohne das die westliche Kriegsbeteiligung nun einmal nicht zu haben ist, *rechtlich unbedenklich* ist. Man mag gar nicht darüber nachdenken, was Friedensinitiativen mit einem *positiven* Gerichtsbescheid anfangen. Sagen sie: ›Na dann! Tut uns

[17] In: Friedensforum 6/22, a.a.O.

leid Ukrainer und Russen, die ihr noch dran glauben müsst bzw. schon umgekommen seid. Aber das Töten geht verfassungsmäßig in Ordnung!‹ Das wohl nicht. Eher schon: ›Dann sind die Verfassungsorgane auch verfassungsfeindlich.‹ Zuzutrauen ist ihnen ein Standpunkt, mit dem sie sich verantwortungstriefend in dem Gefühl einrichten, die einzigen und wahren nationalen Vertreter des Grundgesetzauftrags zu sein.

Dass ein Dienst am *»Frieden der Welt«* – wie ihn Deutschland zurzeit im Verbund mit der NATO mit großer Mehrheit vom deutschen Parlament beschlossen und in Waffenlieferungen umgesetzt hat – angesichts des bösen Putin nicht ohne Gewalt auskommt, war im Übrigen bereits den Vätern des Grundgesetzes klar. Und daran hat sich bei seinen Hütern bis heute nicht nur nichts geändert. Sie haben sogar erst kürzlich keinen Einwand dagegen gehabt, dass die Ampelregierung im Art. 87a des Grundgesetzes die Finanzierung der *»Streitkräfte zur Verteidigung«*, ohne die auch ein deutscher Nachkriegsstaat ganz offensichtlich nicht auskommen wollte, der »Zeitenwende« angepasst, also mit ein »Sonderprogramm« für Kriegsmittel in Höhe von 100 Mrd. € *grundgesetzlich* fixiert hat.[18] Für die

---

[18] »Art 87a(1) Der Bund stellt Streitkräfte zur Verteidigung auf. Ihre zahlenmäßige Stärke und die Grundzüge ihrer Organisation müssen sich aus dem Haushaltsplan ergeben.

(1a) Zur Stärkung der Bündnis- und Verteidigungsfähigkeit kann der Bund ein Sondervermögen für die Bundeswehr mit eigener Kreditermächtigung in Höhe von einmalig bis zu 100 Milliarden Euro errichten. Auf die Kreditermächtigung sind Artikel 109 Absatz 3 und Artikel 115 Absatz 2 nicht anzuwenden. Das Nähere regelt ein Bundesgesetz.

(2) Außer zur Verteidigung dürfen die Streitkräfte nur eingesetzt werden, soweit dieses Grundgesetz es ausdrücklich zulässt.

(3) Die Streitkräfte haben im Verteidigungsfalle und im Spannungsfalle die Befugnis, zivile Objekte zu schützen und Aufgaben der Verkehrsregelung wahrzunehmen, soweit dies zur Erfüllung ihres Verteidigungsauftrages erforderlich ist. Außerdem kann den Streitkräften im Verteidigungsfalle und im Spannungsfalle der Schutz ziviler Objekte auch zur Unterstützung polizeilicher Maßnahmen übertragen werden; die Streitkräfte wirken dabei mit den zuständigen Behörden zusammen.

Friedensfreunde ist das natürlich auch nichts anderes als ein *Vergehen:* 100 Mrd. Sondervermögen für den neuen deutschen Militarismus sind nichts als *fehlinvestiertes* Geld. *»100 Mrd. € für eine demokratische, zivile und soziale Zeitenwende!«*,[19] ja, das wäre was! Als ob im Staatshaushalt ein großer Batzen Geld einfach so herumliegen würde, um den sich Minister für Soziales, für Umwelt – beides gute Zwecke – und die für Verteidigung zuständigen – böser Zweck – zanken würden. Dabei sind diese 100 Mrd. € als *»einmaliges Sondervermögen«*, bestehend aus Schulden, *allein* für den Aufrüstungszweck der »Zeitenwende« in die Welt gekommen.[20]

So bauen sich diese Pazifisten als kritische Appellanten mit umgedeuteten Versatzstücken aus der wirklichen Welt ihre gänzlich unwirkliche Welt zurecht, in der der Staat als *Erfüllungsgehilfe ihrer Friedensideale* unterstellt ist.[21] Friedensanbeter möch-

---

(4) Zur Abwehr einer drohenden Gefahr für den Bestand oder die freiheitliche demokratische Grundordnung des Bundes oder eines Landes kann die Bundesregierung, wenn die Voraussetzungen des Artikels 91 Abs. 2 vorliegen und die Polizeikräfte sowie der Bundesgrenzschutz nicht ausreichen, Streitkräfte zur Unterstützung der Polizei und des Bundesgrenzschutzes beim Schutze von zivilen Objekten und bei der Bekämpfung organisierter und militärisch bewaffneter Aufständischer einsetzen. Der Einsatz von Streitkräften ist einzustellen, wenn der Bundestag oder der Bundesrat es verlangen.«

[19] »Zivile Zeitenwende«-Kongress, in: junge Welt 28.6.22

[20] Wenn Frau Baerbock auf einem Sonderparteitag ihrer Grünen in dasselbe Horn getutet hat und ihren Parteifreunden die 100 Mrd. für die Rüstung mit den Worten schmackhaft machen wollte, dass sie dafür kämpfen wolle, dass es bei den 100 Mrd. *bleibt*, weil: »... ich will nicht noch mehr im sozialen Bereich sparen und Lisa (die Familienministerin) dann keine Mittel mehr hat für die Kinder, die sie dringend brauchen«, dann heißt es nicht, das sie nichts vom »Sondervermögen« weiß, sondern nur, dass sie weiß, was ihre grünen Freunde hören wollen. (www.tagesspiegel.de/politik/grunen-parteitag-in-bonn-streit-gibt-es-nur-um-die-kohle-8758231.html)

[21] Wobei im Übrigen über Nutzen und Qualität der zivilen, angeblich so bürgerfreundlichen Abteilungen der Politik, welche die Pazifis-

ten einfach nicht glauben, dass der deutsche Staat, *ihr (!) Staat,* jene militärischen Absichten aus politischen Interessen heraus verfolgt, wo die sich für Deutschland doch einfach *nicht gehören.* Denn ihre Heimat gehört, davon sind sie überzeugt, eigentlich und in seinem politischen Kern zu den *guten Staaten,* die für das Wohl ihrer Bürger da zu sein haben:

- Waffenlieferungen an die Ukraine – das ist dann für sie *nicht* etwa die bezweckte *Verlängerung* des Krieges mit dem dazugehörigen Sterben und Zerstören, sondern eine *Verfehlung* jener *wahren* deutschen Friedenspolitik, der sich Deutschland doch nach 1945 mit der Parole »Nie wieder Krieg!« verpflichtet hat.
- Die fortgesetzte NATO-Aufrüstung an der russischen Grenze inzwischen bis auf die Höhe von Murmansk – das ist dann für sie *nicht etwa* die *genau kalkulierte* Fortsetzung von Einkreisung und Bedrohung Russlands durch die NATO während des Krieges, sondern ein *Bruch* mit *wahren Prinzipien* deutscher Völkerfreundschaft.
- Die führende deutsche Beteiligung am Wirtschaftskrieg gegen die Russische Föderation – das ist dann für sie *nicht etwa* die *gewollte* und sogar mit einkalkulierten nationalen Schäden verbundene Anstrengung, *Putins Reich auch ökonomisch zu ruinieren*, sondern eine *Sünde* wider den *wahren* deutschen Wirtschaftsgeist, der sich den friedlichen Handel mit allen Völkern zum obersten Gebot gesetzt hat.
- Usw.

Wie der Friedensdienst der Präambel mit der ›deutschen Vergangenheit‹ und ihrem Bekenntnis: »Nie wieder Krieg!« im Jahre 2023 lässig zu vereinbaren ist, hat übrigens Kanzler Scholz im Februar im Bundestag, ein Jahr nach Kriegsbeginn, unmissverständlich verkündet: ›Nie wieder *Krieg!*‹ heißt für ihn: ›Nie wieder *Angriffskrieg!*‹ Im O-Ton: *»Unser ›Nie Wieder‹ bedeutet, dass der Angriffskrieg niemals zurückkehrt als Mittel der*

---

ten aufführen – Bildung, Gesundheit, Sozialstaat, Klima … –, auch zu streiten wäre.

Politik. Unser ›Nie wieder‹ bedeutet, dass sich Putins Imperialismus nicht durchsetzen darf.«[22] Na bitte! Kriege sind allemal Teil deutscher Staatsräson, wenn sie ausweislich nationaler Begründungen dem Zweck der *Verteidigung* dienen. Dem dienen inzwischen ohnehin alle Kriege, seit das Völkerrecht Verteidigungskriege erlaubt.[23] Immer wird nur »... zurückgeschossen!« Zu deutschem Schuldbekenntnis passt heute ein Verantwortungsstandpunkt deutscher Außenpolitik, den bereits der Außenminister Joschka Fischer im Kosovo-Krieg 1999 eingeführt hat, als er das »Nie wieder!« Scholzscher Prägung vorbereitet hatte: *»Auschwitz ist unvergleichbar. Aber ich stehe auf zwei Grundsätzen, nie wieder Krieg, nie wieder Auschwitz, nie wieder Völkermord, nie wieder Faschismus!«*[24] Klar, Milosevic einst und Putin heute: Völkermörder und Faschisten![25] Da *muss* der Deutsche, der seiner Vergangenheit etwas schuldig ist, einfach zur Waffe greifen bzw. dafür sorgen, dass der Ukrainer an seiner Stelle zu den Waffen greifen kann.

7. Der idealistische Nationalismus der Pazifisten

Der *nationalistische* Kern ihres pazifistischen *Friedensideals*[26] ist nicht zu übersehen. Seit Jahrzehnten halten Friedensfreunde an der Wahnsinnsidee fest, ausgerechnet die Staatsgewalten als die *zuständigen Instanzen* für ihre *gut gemeinten Friedenswünsche* anzusprechen und von ihnen einzufordern, all das doch bitte

---

[22] www.tagesspiegel.de/politik/regierungserklarung-zum-krieg-und-den-folgen-scholz-definiert-das-deutsche-nie-wieder-neu-9440840.html

[23] Natürlich hat auch Putin keinen Zweifel daran gelassen, dass sein militärischer Angriff eine »Operation« ist, die der Verteidigung russischer Sicherheitsinteressen dient, welche seit geraumer Zeit von der NATO immer weiter beschnitten werden.

[24] de.wikipedia.org/wiki/Rede_Joschka_Fischers_zum_NATO-Einsatz_im_Kosovo

[25] Ausgeführt in der jungen welt am 24.3.2023 unter: Gerd Schumann, Weiße Flecken. Die Grünen, Jugoslawien, die Ukraine.

[26] Das hat schon Aktionen der Friedensbewegung im Kalten Krieg explizit – z.B. beim Protest gegen den NATO-Doppelbeschluss – aus-

schön als *verfehlte* Politik zu erkennen und zu *unterlassen*, was die doch an Aufrüstung jeweils *beschließen;* so als könnten diese Herrschaften statt das Land aufzurüsten *genauso gut* einfach mal das *Gegenteil* machen und abrüsten; so als müsste man – ausgerechnet – den Baerbocks, Pistorius‹, Habecks und Scholzens nur einmal das Grundgesetz und seine Präambel unter die Nase halten, sie also heftig darauf hinweisen, dass sie Politik betreiben, die nach Auffassung der Friedensbewegten zur deutschen Heimat einfach nicht passt, und schon würden sich ihnen die Augen öffnen und sie würden reuig die Kehrtwende von der Zeitenwende einleiten. Und Politiker, die sich nicht überzeugen lassen, wären dann eben wegen unmoralischer Verfehlungen letztlich ihres hehren Amtes ziemlich unwürdig. Als seien solche Beschlüsse bloße Ausrutscher, Resultate missverstandener Amtsobliegenheiten von Regierungen. Friedensfreunde halten unbeirrt an einem *Staatsideal* fest, demzufolge die betriebene eigene Aufrüstung, erst recht die aktuelle Kriegsbeteiligung, in der sie mit ihren Waffenlieferungen den Fortgang des Krieges bestimmen, also ihr Interesse an dem Krieg untermauern, nichts als eine *Verfehlung* eigentlicher deutscher Friedenspolitik sei. So halten sie an einer Vorstellung von Friedenspolitik fest, die nur in ihrem Kopf existiert, dort aber tiefe Wurzeln geschlagen hat.

Diese idealistischen, aus ihrem Nationalismus geborenen Fehlurteile korrespondieren mit der Fehldeutung ihrer eigenen Rolle als *Staatsbürger*. Sie leisten sich eine Erfindung über sich selbst und ihr Verhältnis zur Staatsgewalt, die an *Größenwahn* grenzt. Es ist nämlich ihrer Stellung als *private Bürger*, die sich in allen alltäglichen Obliegenheiten der staatlichen Rechtsordnung zu unterwerfen haben und *unterwerfen* – gelinde gesagt –, gänzlich unangemessen, wenn sie sich fiktiv zum fordernden *Ratgeber* für Krieg und Frieden zwischen Staatsgewalten aufschwingen. Auf so eine Verdrehung verfällt man, wenn die geistige Identifizierung mit der idealisierten Staatsführung

---

gezeichnet: ›Deutschland darf nicht das Schlachtfeld eines Atomkrieges werden!‹

ziemlich unerschütterlich verfestigt ist. So als seien sie Teil der heimischen Regierungsmannschaft oder gar vom UNO-Sicherheitsrat zur höchsten Beschlussfassungen in Sachen Krieg und Frieden geladen. Auf diesem Richterstuhl nehmen sie in der Einbildung Platz, dies sei doch ihr Recht als Bürger, die in der Demokratie die Linien der gewählten Politik mitzubestimmen hätten. Eine Feststellung, die nicht nur den Kern der Demokratie verfehlt,[27] sondern die durch ihre eigene Praxis widerlegt wird:

8. Pazifismus fürs gute Gewissen

Deshalb bedarf es noch der besonderen Erwähnung, dass sich keine Friedensbewegung dadurch erschüttern lässt, dass sich der von ihnen gemahnte Staat seit *eh und je* durch ihre Forderungen einfach nicht von seinem Kurs hat *abbringen* lassen. Ihre *Kritik* an staatlicher Aufrüstung, an NATO-Beitritt und mehrfacher Kriegsbeteiligung und der *kritisierte Sachverhalt koexistieren dauerhaft.* Wobei diese Koexistenz in unterschiedlichster Weise bewertet wird: Da können die geistigen Ein- und Auslassungen der Friedensbewegung als moralische Erinnerung an deutsche Pflichten unterstrichen, als erlaubte andere Meinung bewertet, als unerheblich übergangen, als die Spinnerei von Alt-68ern abgetan oder gar als störende Interventionen auf den Index gesetzt werden. Auch daraus könnten Pazifisten schon etwas anderes ableiten als die *Selbstbekräftigung*, den einmal eingeschlagenen Weg unverdrossen weiter zu verfolgen.

---

[27] Das soll hier nicht erläutert werden. Ein Hinweis möge genügen: Als Scholz mit seiner »Zeitenwende«-Rede eine Außenpolitik ankündigte, die in ihrem Militarismus so ziemlich alles neu einsortierte, was als Prinzip deutscher Außenpolitik galt, die offiziell Abschied vom Postulat nimmt, dass Deutschland keine Waffen in Krisengebiete schickt, dass Deutschland nur mit seinem ökonomischen Pfund politisch wuchert, hat er keinen Moment daran gedacht, diese »Zeitenwende« dem Volk zur Abstimmung vorzulegen. Er hatte es überdies auch gar nicht nötig, wie ein demokratisch gut erzogenes Volk ihm ziemlich geschlossen sofort bescheinigte.

Es ist aber festzuhalten, dass es sie offenbar *nicht groß* in ihren Vorhaben *irritiert,* wenn sie permanent erfahren, dass der Staat bei seinen militaristischen Beschlussfassungen seit Jahrzehnten auf den *Gehalt* ihrer Friedenssorgen pfeift. Von der Beantwortung der Frage, ob sie bei ihrem Staat irgendetwas in ihrem Sinne *erreichen*, ob sie mit ihrer privaten Friedensethik irgendwas an Aufrüstung oder Kriegsvorbereitung *ändern* können, haben sie sich immer schon mit Beweisen von *Erfolgen,* welche nun wirklich nicht auf ihrem Mist gewachsen sind, *verabschiedet*: Schröders Weigerung, sich am Irak-Krieg der USA zu beteiligen, gehörte in der Vergangenheit dazu, und in der Gegenwart sind sie sich nicht zu schade, auch auf die – inzwischen überholte – deutsche Zurückweisung der NATO-Forderung nach Aufstockung des Verteidigungshaushalt auf 2% vom BIP nachzukommen, zu deuten. Dass es sich dabei und bei anderen ›Erfolgen‹[28] um Beweise deutscher Friedenspolitik handelt bzw. gehandelt hat, daran werden sie weder dadurch irre, dass all diese der Vergangenheit angehören, deutsche Politik also Gründe haben muss, derartige Beschlüsse ungültig zu machen, noch dadurch, dass die von der Politik angeführten Gründe für diese ›Erfolge‹ gänzlich konträr zu deren Deutung durch die Friedensbewegung stehen.[29]

Als Pazifisten haben sie sich *selbstgenügsam* in ihrem Pazifismus *neben* der kritisierten Politik eingerichtet. Auf Osterdemos,

---

[28] Weitere aktuelle Erfolge: »Im vergangenen Jahr erzielte die Friedensbewegung einige beachtliche Erfolge und zeigte, was in ihr steckt. … (zu den) wichtigen politischen Erfolgen, wie dem Atomwaffenverbotsvertrag und dem Nein der SPD zur Bewaffnung der Bundeswehrdrohnen, …« (www.friedenskooperative.de/friedensforum/artikel/erfolge-der-friedensbewegung-im-jahr-2020)

[29] So wollte Schröder nicht etwa den deutschen Pazifismus weltöffentlich machen, sondern Kriege nicht unter der US-Oberaufsicht führen. Und der Streit um die 2%-Klausel wurde regelmäßig mit dem Hinweis begleitet, materiell komme Deutschland den NATO-Forderungen pflichtschuldigst nach.

Friedenswachen,[30] Friedenskongressen und dergleichen heben sie regelmäßig warnend den Zeigefinger gegen Politikverfehlungen, dokumentieren also, dass es sie selbst noch gibt.[31] Inzwischen erachten sie das bereits für die erfolgreiche *Erfüllung ihrer Mission.* Man kennt das: *»Wenigstens tun wir was!«*, heißt es dann. Und wenn ihnen schon *egal* ist, *was* sie *tun*, wenn sie nur *irgendetwas* tun, dann ist dies das Eingeständnis, dass sie bereits damit zufrieden sind, als Parteigänger des hohen Werts des Frieden unerschütterlich mit erhobenem Haupt in einer Welt zu stehen, deren Macher sich um ihre Idealismen und Illusionen inzwischen nicht nur einen Dreck scheren, sondern ihn als verwerflichen Lumpenpazifismus verurteilen. *Ihr Gewissen* ist wenigstens rein; das und nichts mehr leistet Moral – für sie.

Dabei bleibt es nicht. In Friedenszeiten war dieser idealistische Pazifismus hierzulande nicht nur geduldet, sondern als Beleg für die – zwar kritische, aber letztlich doch – gute Meinung von Bürgern über die Sicherheitspolitik ihrer Obrigkeit zur Kenntnis genommen. Das lässt sich auch weiterhin nutzen. Ein Friedens*appell* an die Regierungen ist eben keine Kampfansage, sondern das Bekenntnis, dass man zur nationalen Führung trotz bzw. gerade wegen ihrer Verfehlungen und Pflichtverletzungen steht. So taugt der Pazifismus als die Verkörperung des *schlechten Gewissens* der

---

[30] Die letzte Friedenswache, auf die ich gestoßen bin, konfrontierte mich mit einem Plakat: »UNO statt NATO«. Auf den Hinweis, dass die UNO gerade allein Putin verurteilt habe, nicht aber den Westen mit seiner für die Ukraine zerstörerischen Kriegsbeteiligung, folgte die Entgegnung, dass doch die NATO *noch* schlimmer sei. Auf die Logik des Komparativs aufmerksam gemacht – schlimm, schlimmer, am schlimmsten –, hieß die Entgegnung, allein dadurch, dass sie hier in der Innenstadt Jahr für Jahr stünden, würden Leute zum Nachdenken angehalten. Der Diskurs endete, als darauf verwiesen wurde, dass der Plakattext gerade zu falschem Nachdenken anregen würde.

[31] »... und so die Friedensarbeit aufrechterhalten werden konnte. Als gelungenes Beispiel können die Ostermärsche 2020 genannt werden. Im 60. Jahr ihres Bestehens in Deutschland konnte auch Corona die Ostermärsche nicht klein kriegen.« (www.friedenskooperative.de/friedensforum/artikel/erfolge-der-friedensbewegung-im-jahr-2020)

Gesellschaft, die mit NATO-Beitritt, Aufrüstungspolitik und vorgängigen Kriegsbeteiligungen[32] längst ihren Frieden gemacht hat – auch dann, wenn der inzwischen weniger gut gelitten ist.

9. Der kurze Weg vom Pazifisten zum Anhänger deutscher Kriegspolitik

Die meisten Friedensfreunde haben sich heute auf die Seite der *Parteigänger* staatlicher Kriegspolitik geschlagen. Ihnen hat eingeleuchtet, was ihnen kritisch angetragen worden ist, z.B. vom friedensbewegten Ex-DDRler und SPD-Haudegen W. Thierse: *»Gerade die Friedensbewegung sollte sich der Erschütterung durch diesen Aggressionskrieg Putins stellen und nicht trotzig an alten Gewissheiten und Glaubenssätzen festhalten. Das Konzept des gerechten Friedens ... ist nicht einfach erledigt. Aber wir müssen uns fragen, was die guten alten Konzepte und Grundsätze noch taugen angesichts eines völkerrechtswidrigen Krieges. Und ob dieser Krieg nicht die Koordinaten für Friedenspolitik geändert hat ...«* Zusätzlich schwingt er noch die Moralkeule: *»Wer als Pazifist angesichts der Bilder aus der Ukraine ohne Selbstzweifel, ohne Irritation bleibt, hat wohl kein empfindliches Herz.«*[33] Allerdings müssen Pazifisten, die sich von solchen markigen Reden überzeugen lassen, vorher mit ihrer angeblichen Erfolgsgeschichte abgeschlossen haben. Noch einmal Thierse: *»Ja. Friedenspolitik kann scheitern – jetzt an dem brutalen Aggressor Putin. Aber das macht sie nicht falsch!«*[34] Das ist schon gekonnt: Die Friedensbewegten zum Eingeständnis einer Niederlage mit der gleichzeitigen – widersprüchlichen – Bekräftigung zu bewegen, dass ihre Friedenspolitik völlig *korrekt* sei, nur eben als Friedenspolitik *ohne Waffen* gegen den *Friedensstörer* Putin keine Chan-

---

[32] Belege: Serbien, Afghanistan, Syrien, Mali .... Über Einsätze der Bundeswehr informiert: wikipedia.org/wiki/Auslandseins%C3%A4tze_der_Bundeswehr

[33] W. Thierse, Warum ich den Appell gegen Hochrüstung nicht unterschreiben kann, in: FAZ vom 2.4.22

[34] W. Thierse, in: vorwärts vom 22.4.22

ce habe. So dürfen die Friedensbewegten laut Thierse an ihrem ethisch hochstehenden Friedenskonzept weiter festhalten, wenn sie sich von dessen Kernstück – »Frieden schaffen ohne Waffen!« – verabschieden.

In den Debatten mit Ihresgleichen lassen sich die Friedensidealisten überdies leicht in ein Dilemma verstricken, das schon J. Fischer einst gute Dienste geleistet hat, um noch *wankelmütige* Friedensanhänger unter den Grünen *endgültig* auf den Kriegskurs gegen Serbien einzuschwören. Es ist ihr staatstreues Bekenntnis zur *Gewaltfreiheit*, das als Falle zuschnappt. Wie bei Fischer einst und bei Baerbock, Habeck oder Scholz heute besteht sie in der rhetorischen Frage: »*Was wird aus unserem Prinzip der Gewaltfreiheit, wenn es sich vor menschenverachtender Gewalt beugt?!*« Wird denn nicht deutlich, fragen geläuterte Friedensanhänger von den Grünen, der SPD und der LINKEN ihre immer noch uneinsichtigen alten Gesinnungsgenossen, dass jemand, der für Gewaltfreiheit Partei ergreift – der Haltung gebührt im Prinzip natürlich Achtung! – und seinen Heimatstaat auf die Unterlassung von Gewalt im Verkehr mit anderen Staaten verpflichten möchte – auch dies ist ehrenwert! –, dass der damit aber zugleich die Gewalt, die andere Staaten – etwa Putin – ausüben, *hinnimmt*. Sind die Friedensfreunde nun *für* oder *gegen* Gewalt, heißt die Fangfrage. Ob ihnen nicht klar sei, dass sie an ihrem Pazifismus nur *auf Kosten anderer*, in diesem Fall der Ukrainer, festhalten können, fragen sie rhetorisch und kommen damit W. Biermanns Verurteilung der Pazifisten – sie seien »Secondhand-Kriegsverbrecher« – ziemlich nahe. Das können sie doch nicht wollen! Dabei ist das den Friedensfreunden aufgemachte Dilemma gar nicht zu bewältigen, wenn sie sich *vom Standpunkt der unbedingten Gewaltfreiheit*[35] darauf einlassen.

---

[35] Wenn einem als Kritiker der Friedensbewegten die Frage entgegengehalten wird, wie man es denn selbst mit der *Gewalt* halten würde, sei Folgendes als Antwort empfohlen: 1. Gewalt ist insofern immer kritikabel, als sie immer dem Willen Zwang antut. 2. Das gilt auch für jene Gewalt, ohne die Klassen- oder Guerillakämpfe nicht auskom-

Jede Antwort auf die suggestive Frage kann nur falsch ausfallen. Falsch deswegen, weil sie zur *Parteilichkeit* für *eine Seite* der beiden kriegführenden Parteien aufgefordert werden; dies wo *alle Staaten* als Gewaltmonopolisten klarstellen, dass sie sich zum Zwecke der Erhaltung ihrer Souveränität das Recht herausnehmen, ihr Volk zum Töten und Sterben in den Krieg zu schicken, dass ein Menschenleben für sie dabei nichts bzw. nur als militärisch einsetzbare Manövriermasse zählt.

In dieses Dilemma geraten diese Friedensanhänger deswegen so leicht, weil sie ›Krieg‹ – wie gezeigt – allein als das massenhafte Leid von Menschen aus der *Privatperspektive ohnmächtiger Betroffener* kritisieren. Und nun sollen sie aus dieser moralischen Perspektive heraus in dem laufenden Krieg, in dem feindlich aufgestellte Staatsgewalten nebst Bündnissen ein weltkriegsträchtiges Kriegsszenario anrichten, als friedensliebender *Staatsbürger verantwortlich,* d.h. *parteilich* Stellung beziehen! Wenn sie sich davon überzeugen lassen, dass sie sich dem nicht entziehen können, dann kann nichts anderes herauskommen als ein Bekenntnis zum Einsatz von Militärgewalt durch ihre staatliche Führung: Denn nur damit würde *Gewalt* – nämlich die des bösen Putins – *verhindert!* Wenn sie sich diesen Schuh anziehen, sich dieser Frage aussetzen, dann sind sie also schon verloren. Denn als Staatsbürger angesprochen *»ist man Partei, noch bevor man Partei nimmt …* (Er) *versteht sich als Repräsentant der Macht,*

---

men, wenn die Sicherung ihrer materiellen, wenn nicht sogar physischen Existenz als Klasse oder Volksgruppe durch gewaltbewehrte Politik von Herrschaften aller Art in Gefahr gerät. 3. Wer sie einsetzt, um sich gegen Ausbeutung, Unterdrückung, Vernichtung zu wehren, ist deswegen noch lange kein Freund von Gewalt. 4. Die gelegentlich dabei zu beobachtende Verherrlichung von Gewalt und Märtyrern ist die Absage an jedes materielle Anliegen, das den Gewalteinsatz erforderlich macht. 5. Kriege sind etwas ganz anderes: Da treten Staatsgewalten gegeneinander an und setzten militärische Gewalt, also Vernichtung von Existenzen kalkuliert als Mittel ein.

die über (ihn) *verfügt.*«[36] – im Frieden und erst recht im Krieg.[37] Woher die Friedensfreunde wissen, für *welchen* der beiden *Gewalttäter* sie Partei ergreifen müssen, ist dabei alles andere als ein Rätsel. Das ist über ihre national-idealistische Parteilichkeit für den Heimatstaat längst *vorab entschieden*!

Und um die *richtige* Parteilichkeit vor sich selbst noch einmal zu *rechtfertigen*, ist ihnen ein Kunstgriff recht, dessen Logik sie beherrschen: Wenn sie die ganze Welt moralisch, d.h. nach Gut und Böse, sprich: nach Friedensmenschen und Kriegstreibern sortieren, dann schaffen sie dasselbe glatt auch *innerhalb* des doch generell dem *Bösen* zugeordneten *kriegerischen* Treibens. Denn nun gibt es plötzlich *im Krieg* gute und böse Gewalt, besser: gibt es die *letztlich* gute, weil per Krieg um Frieden bemühte, und die einen Angriffskrieg anzettelnde böse Gewalt. Sehr merkwürdig diese Logik: Sie geht nur auf, wenn ihnen die Verbundenheit zum Heimatstaat letztlich gewichtiger ist als die demonstrierte Abscheu vor Kriegen und ihren Folgen.

Hat er das bewältigt, dann ist der *geläuterte Pazifist* fertig: Seine Parteilichkeit für eine Seite militärischer Gewalt dient ja – letztlich – dem Frieden. Eingesehen haben die Friedensfreunde damit das Urteil von Friedenspropagandisten in Amt und Würden, dass Frieden auf der Welt ohne Krieg nicht zu haben ist. Sie halten es ab sofort auch mit der Volksmoral, nach der der Frömmste nicht in Frieden leben kann, wenn es dem bösen Nachbarn nicht gefällt.[38] Sie haben damit das von ihnen – falsch – aufgemachte *Ausschlussverhältnis* zwischen Krieg und Frieden zu einem – ebenso falschen – *Zweck-Mittel-Verhältnis* umge-

[36] Editorial, in: GegenStandpunkt, 1/22, S. 6.

[37] Man könnte sich natürlich auch vorstellen, dass Friedensfreunde, ebenfalls in gewisser Weise ihrer eigenen moralischen Logik folgend, beide Seiten verurteilen – und solche Pazifisten finden sich in der Tat auch in dem Spektrum der Friedensbewegung; was die Sache jedoch kaum besser macht. Denn so etwas zeugt allein davon, dass beide Seiten ihrem moralischen Anspruch nicht genügen. Mit Kritik der kriegerischen Staatsgewalt hat das nichts zu tun.

[38] Vgl. dazu Kapitel I.

baut. Ausgerechnet der von ihnen zum *Inbegriff des Unmenschlichen* erklärte Krieg stellt jetzt das leider notwendige *Mittel* der *Friedensstiftung* dar, wenn er nur gegen den anderen Kriegsteilnehmer, den bösen Feind, geführt wird. Dabei weiß sich der geläuterte Pazifist durchaus noch an seine alten Überzeugungen gebunden; das hat ihm Thierse attestiert: Sowohl seine *moralische* Kriegskritik als auch seine eingebildete *Ratgeberrolle* kann er beibehalten. Allein vom *Rigorismus seiner Friedensmoral* hat er sich *getrennt*: Alle Scheußlichkeiten des Krieges werden nun einer Seite, eben Putin, angelastet. Deswegen ist er eben nicht mehr ganz *generell für Frieden,* sondern für den *Friedenskrieg* – geführt von den *Richtigen*, den letztlich friedliebenden heimischen Machthabern und ihren westlichen Verbündeten, den höchsten Friedensmächten, der USA und der NATO.

III. Friedensappelle

1. »Ich habe das Friedensmanifest von S. Wagenknecht und A. Schwarzer unterzeichnet!«,

... schrieb mir ein Bekannter und bat um einen Kommentar. Hier ist er:

Das Manifest[1] beginnt mit einer Aufzählung von Grausamkeiten des Ukrainekrieges. Das Deuten auf das Leid der Menschen im Krieg lässt in der Tat niemanden kalt. Natürlich auch die Autorinnen nicht. Sie gehen zugleich davon aus, dass sich ihrem Manifest deswegen auch andere anschließen. Dass dies *der Sache nach* auf eine moralische Vereinnahmung aller Angesprochenen hinausläuft, ohne im Folgenden auch nur mit einem Wort die damit auf der Hand liegenden Fragen nach den Gründen dieser Kriegsgräuel zu stellen, sollte auch dir aufgefallen sein. Ist es wirklich das, was auch dich dabei für das Manifest und sein Votum für sofortige Friedensverhandlungen eingenommen hat? Ist dir denn nicht bekannt, dass die *Betroffenheit* von Leid und Zerstörung, die der Krieg anrichtet, ebenso von den Bellizisten in Amt und Würden allein dafür benutzt wird, um *Zustimmung zu weiteren Waffenlieferungen* zu erzielen, mit denen der Krieg bis zur endgültigen Degradierung Russlands *fortgesetzt* werden soll? Also zum geraden Gegenteil dessen, was die Verfasserinnen mit ihrem Manifest für Frieden doch wohl wollen? Es wird also der moralische Fingerzeig auf Tot und Vernichtung als *Material* für *gegensätzliche Anliegen* benutzt! Wozu taugt er dann?

Falls dich jedoch überzeugen sollte, dass die Verfasserinnen zunächst *unterschiedslos* Opfer bei beiden Kriegsparteien anführen, sich damit gegen die offizielle Opfermoral stellen und viel Schmähungen über sich ergehen lassen müssen, wenn sie sich weigern, allein Russland für Opfer und auch nur bei den Ukrainern verantwortlich zu machen, so rate ich dir, die *Konsequenz* genau zu

[1] Der Wortlaut des Manifests am Schluss dieses Unterkapitels.

betrachten, die sie aus dieser öffentlich als inkorrekt gegeißelten Feststellung ziehen:

Der Aufruf fährt nämlich fort mit dem Bekenntnis, dass die *»von Russland* (!) *brutal* (!) *überfallene* (!) *ukrainische Bevölkerung … unsere* (!) *Solidarität«* braucht. Da könnte dir auffallen, dass die Verfasserinnen sich dann doch der offiziellen Schuldzuweisung an die Adresse Russlands anschließen. Hast du nicht zur Kenntnis genommen, dass gerade der Verweis auf *»Russlands brutalen Überfall«* die *offizielle Begründung* für die *deutsche Kriegsbeteiligung* und deren laufende Eskalation ist? Wenn die Manifestantinnen schon nicht um die Verlogenheit dieser Begründung wissen, dann könnte vielleicht doch eventuell dir der Unterschied einfallen zwischen den schon seit Jahrzehnten andauernden *politischen* Angriffen der *NATO* auf von Russland beanspruchte Einflussgebiete und dem *militärischen* Angriff, mit dem die *Russische Föderation* genau dieser Osterweiterung durch den Westen eine endgültige Grenze ziehen will; dass sich also die *militärische Offensive* der Russischen Föderation aus einer *politischen Defensive* begründet. Für diesen militärischen Angriff hat die Russische Föderation also ihre Gründe, die für sie in den politischen Zumutungen liegen, mit denen die NATO die von Putin gezogenen ›roten Linien‹ seiner imperialen Sicherheitsansprüche seit Jahrzehnten ignoriert hat – was immer man von ihnen halten mag. Es erklärt sich nämlich der *militärische* Angriff Russlands nicht aus sich selbst, *nicht* aus *»brutalem Überfall«* – es sei denn, man schließt sich dem Urteil an, dass Putin eben ein abgrundtief böser Aggressor ist und nichts anderes will als eben andere Staaten *»brutal überfallen«*.

Außerdem: *»unsere Solidarität«*, das klingt erstens fein nach selbstloser Hilfe für die ukrainische Bevölkerung und nimmt zweitens *»uns«* alle – wen damit genau? – ins Boot dieser solidarischen Politik! Ist Wagenknecht und Schwarzer denn unbekannt, dass auch im Kanzleramt *»Solidarität«* groß geschrieben, allerdings allein als Hilfe für die *Kriegführung* des *ukrainischen Staates* buchstabiert wird. Solidarität der deutschen Regierung misst sich folglich daran, den Hauptfeind militärisch in die Knie zu zwingen? Und es ist doch offenkundig, dass dafür die ukrainische *Bevölkerung* als *Kanonenfutter* eingesetzt wird, deren Leid von Baerbock, Scholz u.a. ständig begeklagt wird! So und nicht anders buchstabiert sich ›Solidarität‹ beim Kanzler.

Wenn die Verfasserinnen explizit nur die Solidarität mit der *»ukrainischen Bevölkerung«* ansprechen, also diese *nicht* wie allgemein üblich in einen Topf werfen mit dem *ukrainischen Staat*, dann stellen sie sich zwar gegen die Gleichsetzung von Herrschaft und dem von ihr im Krieg benutzten Volk, doch nur um darauf zu bestehen, dass für sie wahre Solidarität *»von uns«* anders aussieht: *»Aber was wäre jetzt solidarisch?«*, fragen sie rhetorisch, um anzumerken, dass *»kämpfen und sterben auf dem Schlachtfeld«* doch wohl nicht dazu gehören sollten. Ach! Wollen sie mit der Regierung in eine Debatte über die wahre Auslegung von ›Solidarität‹ eintreten? Mit einer Regierung, die unter ›Solidarität mit der Ukraine‹ ihre Kriegsziele vorantreibt?

Was soll eigentlich ihre anschließende Frage: *»Und was ist jetzt, ein Jahr danach* (nach Kriegsbeginn), *eigentlich das Ziel des Krieges?«* Ist diese Frage ernsthaft gestellt? Natürlich nicht. Sie ist schon wieder rhetorisch. Hast du dich über diese rhetorische Floskel davon überzeugen lassen, dass ein Krieg, wo ihm die Manifestantinnen jedes – natürlich *vernünftige* – Ziel absprechen, eigentlich *keines* haben kann? Dass ein so lange andauernder Krieg folglich nur noch *sinnloses Gemetzel* darstellen kann? Es glaubt doch kein Mensch, dass die Kriegstreiber – Selensky, Baerbock, Scholz, Biden usw. – nicht wissen, was sie wollen, wenn sie mit kalkulierter Eskalation der Waffenlieferungen den Krieg verlängern? Das glauben doch die Verfasserinnen selbst nicht, wenn sie mit ihren rhetorischen Fragen ein ums andere Mal die *Unvernunft* von Kriegen ausmalen. Oder haben sie sich nicht vorstellen können, dass der Krieg diese Form annimmt, haben sie vielleicht zunächst von beiden Kriegsparteien ein schnelles Ende erwartet und sind nun, nach einem Jahr Krieg, maßlos *enttäuscht*? Wäre das nicht bodenlos naiv?

Was haben die beiden Schreiberinnen eigentlich an Baerbocks Äußerung, dass *»wir einen Krieg gegen Russland führen«* auszusetzen? Da hat die Außenministerin einmal im Klartext die deutsche Position benannt – und genau das wollen die Autorinnen ihr partout nicht abnehmen?!

Sie fragen: *»Im Ernst?«* – als könnte es einfach nicht wahr sein, was der Ministerin da herausgerutscht ist, als sie einmal aus ihrem Herzen keine Mördergrube gemacht hat. Und fällt dir daran nicht auf, dass sich die *Kritik* an der Politik – sie würde sich an Waffenlieferungen beteiligen –, gleich wieder auflöst in ihre idealistische *Inschutznahme:* Wie kann es sein, besser: es kann doch *nicht* sein, dass »unsere« Chefaußenpolitikerin so eine Ungeheuerlichkeit von sich gibt, wo doch »wir« geschworen haben, nie wieder Krieg zu führen.

Selensky *hat* dagegen – im Unterschied zu »uns« – ein Kriegsziel. Das wissen beide Verfasserinnen. Aber dieses Ziel, *»Russland auf der ganzen Linie zu besiegen«*, lehnen die beiden Schreiberinnen ab. Nicht weil es nicht stimmt – so größenwahnsinnig ist übrigens nicht einmal Selensky –, sondern wegen der Gefahr, dass mit den darin eingeschlossenen Kriegshandlungen die von Russland im Krieg gezogenen »roten Linien« überschritten werden und *Putin* zum Atomschlag ausholen könnte?! Ist denn an dem Krieg, den Selensky *aktuell gerade führ*t, nichts anderes zu kritisieren, als dass es *noch schlimmer* kommen könnte? Außerdem solltest du doch mitbekommen haben, dass der Krieg bereits jetzt schon als ein Atom-Krieg im Wartestand geführt wird: Beide Seiten haben ihre Atommacht in *Anschlag* gebracht und erklären, dass sie nicht darum herumkommen würden, ihren Einsatz zu befehligen, wenn es mit der Eskalation so weiter geht! Und hast du nicht bemerkt, dass Selensky gerade für diese weitere Eskalation wie selbstverständlich den Westen mit »unseren« Waffenlieferungen einplant? Und zwar in einem Umfang, der diesem Kriegsziel – der Westen buchstabiert es kalkuliert negativ: »Putin darf nicht gewinnen« – adäquat ist. Wagenknecht und Schwarzer halten ein Kriegsziel mit einer derartigen und auch noch einkalkulierten Konsequenz glatt für eine *Unmöglichkeit.* Und dass »wir« uns daran beteiligen, widerspricht für sie allem, was sie »uns« zutrauen.

Auch dass sich die beiden dem Urteil anschließen, so ein Krieg eines größenwahnsinnigen ukrainischen Politikers könnte *»der letzte große Krieg«* sein, verfängt als Bedenken nicht. Umgekehrt: Sie setzen sich damit dem Vorwurf der Angstmacherei aus, der sofort mit der Retourkutsche ausgehebelt wird, dass die Angst vor einem Atomkrieg von Putin inszeniert ist, um die westliche »Hilfsbereitschaft« zu lähmen, und Putin den Weg zu Eroberung der Ukraine zu ebenen; dass man auf diese Angstmache auf keinen Fall reinfallen dürfe, wenn man dem *»brutalen Überfall Russlands«* etwas entgegensetzen will; dass also Angst vor atomarer Eskalation nichts anderes ist als das Ergebnis einer Kriegslist Putins.

Und was soll dann zusätzlich der Hinweis, dass die Ukraine – selbst *»unterstützt durch den Westen«* – keinen Krieg *»gegen die größte Atommacht der Welt«* gewinnen kann? Wie absurd ist denn dieses Kriegsszenario? Ist dir nicht aufgefallen, dass damit die Ukraine zum *zentralen* militärischen Subjekt gegen die russische Übermacht erklärt wird? Dass der Westen nur Hilfe für den eigentlichen Kriegsherren Selensky leistet? Das muss man auch erst einmal hinbekommen: die westliche Militärmacht, die der Ukraine diesen Krieg überhaupt erst ermöglicht, die sie ausrüstet, ihr nach eigenen Zwecken und Kalkulationen jede Eskalationsstufe vorgibt und damit über Kriegsfortsetzung oder seine Beendigung *entscheidet*, einfach auf subalterne Hilfsdienste zu reduzieren.

Was ist mit der Bemerkung angesprochen, dass der Krieg *»nur am Verhandlungstisch beendet werden kann«*? Das ist die zentrale Option von Wagenknecht und Schwarzer! Merkwürdig! Denn darin sind sie sich offenbar mit den versammelten westlichen Kriegsbeteiligten einig. Denen geht es natürlich auch um Kriegsbeendigung möglichst per Verhandlungen! Wer führt schon Krieg um des Krieges willen? Und worin unterscheiden sich die beiden Autorinnen von den westlichen Kriegsparteien? Etwa nur durch den *Zeitplan*: Verhandlungen *sofort*! Es könnte ihnen dabei schon aufgefallen sein, dass den *Bedingungen* für Verhandlungen, die der Westen stellt, immer schon der genannte *kompromisslose*

Kriegszweck des Westens abzulesen ist: Russland darf nicht gewinnen! Dass folglich jedes Verhandlungsangebot an Russland nie den Zweck verfolgt, den das Manifest ihm unterstellt, nämlich, dass *endlich* die Waffen *schweigen* sollen.

Wie seine Verfasserinnen sich hier ins Kriegsgeschehen zum Zwecke seiner ideellen Beendigung hineindenken, das ist geradezu fahrlässig.

Wenn sie deklamieren, dass *»verhandeln … nicht kapitulieren«* heißt, dann betonen sie, dass eine Kapitulation von irgendeiner Seite, eben auch nicht von der des Westens, für sie nicht in Frage kommt. Warum denn nicht? Wenn sich so der Krieg vielleicht beendigen ließe? Wenn so *»hunderttausende Tote und Schlimmeres verhindert«* werden könnte – wie sie in ihrer Befürwortung von sofortigen Friedensgesprächen als zentrales Argument betonen. Stimmt – nur in anderer Weise, als das Manifest es sehen möchte. Es werden genau *jene »hunderttausende Tote«* verhindert, die keine Partei ihrem Kriegsziel näherbringen. Alle anderen Toten werden gerade *nicht* verhindert.

Sind denn für die Verfasserinnen die Kriegsopfer wirklich nur eigentlich überflüssige *Kollateralschäden?* Jedem Krieg lässt sich entnehmen, dass es sich gerade umgekehrt verhält. Es sind doch gerade diese *»hunderttausende Tote«* das – kalkuliert eingesetzte – *Mittel*, um eine Kriegspartei allererst an den Verhandlungstisch zu zwingen. Und Verhandlungen werden in der Regel erst aufgenommen, wenn zumindest eine der beiden Kriegsparteien zu der Auffassung gelangt, dass sie ihre *existenziellen politischen Ziele* mit den noch verbliebenen Mitteln – den lebenden und den sachlichen – nicht mehr durchkämpfen können, also der *Schaden* in Gestalt von *»hunderttausend Toten«* größer ist als der *Nutzen*, den sich Kriegstreiber von ihrem Tod versprechen.

Als Kronzeugen für ihr Anliegen, den Krieg mit Verhandlungen zu beenden, zitieren sie einen US-*General* mit Namen Milley – ausgerechnet! Was meint ein General wohl, wenn der von »Pattsituation« spricht? Meinst du denn, dass für den Berufsmilitaristen eine »Pattsituation« nur den einen Schluss zulässt, nämlich den Krieg zu *beenden* – wie das Wagenknecht und Schwarzer sehen müssen. Enthält so ein Patt nicht vielmehr den Auftrag, die eigene militärische *Überlegenheit* wieder herzustellen?

Dass *»wir* (!) *Bürgerinnen und Bürger Deutschlands ... unsere* (!) *Regierung und den Kanzler in die Pflicht nehmen«* sollten, das stammt nun wirklich aus dem Sozialkundebüchlein für die Oberstufe von deutschen Schulen, mit dem der Nachwuchs frühzeitig mit der höchst nützlichen Lüge vertraut gemacht wird, dass demokratisch gewählte Herrscher den Bürgerinteressen zu dienen haben – eine Lüge, mit der Parlamentarier das Wahlvolk an die Urne quatschen.

Und was heißt da, bitte schön, *»unsere* (!) *Regierung«*! Die wird doch gerade im Manifest der Waffenlieferungen und der Verschleppung von Friedensverhandlungen bezichtigt! Was soll denn die Grundlage dieser *patriotischen Identifizierung* mit der deutschen Herrscherriege sein, wenn die mal so eben die Außenpolitik militarisiert, einen Krieg führt bzw. führen lässt, ganz ohne für so eine tatsächliche »Zeitenwende« per Volksvotum beauftragt zu sein? Wenn die vielmehr ganz selbstverständlich davon ausgeht – und leider auch ausgehen kann –, dass das letzte Wahlergebnis sie zu völlig freier Umgestaltung nationaler Politik berechtigt.

Meinen die beiden Friedensfreundinnen denn wirklich, es ginge um *sie und ihre Anhänger*, wenn sie den Kanzlerschwur – er wolle *»Schaden vom deutschen Volke wenden«* – anführen. Welchen Schaden der deutsche Kanzler *»vom deutschen Volke wenden«* will, liegt doch auf der Hand, wenn er den ›bösen Putin‹ militärisch in die Schranken weist. Der hat doch mit den Beschädigungen deutscher Bürger – z.B. in Sachen Lohn, Miete, Energiekosten –, an die die linke Wagenknecht denken mag, nichts zu tun? Für den Kanzler ist der russische Angriff auf etwas, was westliche *Friedensordnung* heißt, der größte Schaden »für uns alle«. Und anders buchstabiert sich Schaden zurzeit nicht, anders wird er nicht abgewendet – von einem *»deutschen Volke«*, das den Schaden nämlich mehrheitlich ganz solidarisch mit seiner Herrschaft ebenso benennt.

Übrigens: Es könnte doch wenigstens dir einfallen, dass zum *»deutschen Volke«* auch all jene Parteien und Wähler gehören, die nach mehr Waffen für die Ukraine schreien und zu Opfern bereit sind, wenn nur Putin der Gashahn zugedreht wird. Und machen nicht gerade jene Parteigänger des deutschen Kriegskurses, die über das Manifest und ihre Verfasserinnen persönlich *hergefallen* sind, sie schon zu Vaterlandsverrätern erklärt, also ideell fast aus dem Volk der Deutschen exkommuniziert haben, relevante Teile »des deutschen Volkes« aus?

Schließlich: Ist dir nicht wenigstens bei derjenigen Passage des Manifests ein wenig blümerant geworden, in der du aufgefordert wirst, ganz explizit im *Kanzler*, der täglich das Mantra wiederholt, dass Russland nicht gewinnen darf, den *Adressaten* für deinen Friedens-, oder wenn du es so haben willst: Kriegsbeendigungswunsch zu entdecken? Ihn also darum zu ersuchen, einfach mal glatt das Gegenteil von dem zu beschließen, was er mit der »Zeitenwende«-Rede erst angekündigt, dann umgesetzt hat und im Schulterschluss mit den USA und der NATO vorantreibt? Das bringt es glatt: Dieser europäische Kriegstreiber soll wegen des damit angerichteten Leids für ein *Ende* des Krieges sorgen, an dem er maßgeblich *beteiligt* ist? Dass Wagenknecht, Schwarzer und die übrigen Manifestunterzeichner Elend, Tod und Verwüstung kaum ertragen können, ist ja nachvollziehbar. Aber dieselbe Empathie vom Kanzler zu verlangen, ist hanebüchen! Wenn der Kanzler Leichenberge und Verwüstungen nicht ertragen könnte, hätte er mit der Kriegsunterstützung gar nicht erst *beginnen* dürfen! Im Krieg – man muss offenbar die brutale Wahrheit noch einmal wiederholen – sind solche Gemetzel die *Mittel*, um den Gegner in die Knie zu zwingen.

Oder meinst du, dass diese Auskunft im Manifest gar nicht so nationalistisch gemeint sein kann, weil Sarah Wagenknecht schon mal andere Töne spuckt und der Ampelregierung gelegentlich mit dem Ansinnen, das eigentlich ihre Anliegen die Politik zu bestimmen hätten, kräftig an den Karren fährt, ja sogar davon spricht, dass die Regierung bewusst einen Kriegskurs fährt? Dann solltest du dich auf jeden Fall fragen, warum dieses Manifest derart *patriotisch* ausgefallen ist, und dass sie glatt Humanität und Vernunft zu den eigentlichen Prinzipien deutscher Politik erklärt.

PS: Deiner Replik auf meine Kritik, dass das Manifest doch ein erster, immerhin von mehr als 780.000 Menschen akklamierter Schritt sei, aus dem sich vielleicht eine regierungskritische Bewegung entwickeln könne, und dass man deswegen seine Botschaft gegen die denunziatorische Kritik aus fast allen Lagern der Politik verteidigen müsse, kann ich mich nicht anschließen. Dass mich die große Zahl *für sich* nicht überzeugt, muss ich nicht extra begründen. Und weder bedeutet die *Zustimmung* aus der falschen Richtung, dass das Manifest *falsch*, noch *Kritik* aus allen sonstigen politischen Lagern, dass die Kritisierten *richtig* liegen. Viel Feind, viel Ehr? Aber was fängst du mit der Ehre schon anderes an, als sie hochzuhalten und dir etwas darauf einzubilden, wenigstens nicht mit dem Strom der Bellizisten geschwommen zu sein. Spekulationen darüber, ob sich hier das Sammelbecken einer neuen Wagenknecht-Partei zusammengefunden hat, die die LINKE links überholt und dann die Regierung endlich auf Friedensverhandlungskurs zwingt, sind deswegen ziemlich albern, weil vom *demokratischen Patriotismus* kein Weg zu einem *Bürgeraufstand gegen* die Regierung führt. Scholz kann es sich denn auch leisten, im Bewusstsein, die Mehrheit *»unserer Bürgerinnen und Bürger«* hinter sich zu haben, im Wissen darum, dass die Medien Wagenknecht und Schwarzer immer nur des Volksverrätertums und der Propaganda für Putin bezichtigen, den ›Aufstand‹ mit einem freundlichen: *»Ich teile diese Auffassung nicht!«* für nicht weiter befassungswürdig zu halten.

Zum Schluss: Was taugt ein erster Schritt, wenn der schon in die falsche Richtung führt?

Anhang: MANIFEST FÜR FRIEDEN
Heute ist der 352. Kriegstag in der Ukraine. Über 200.000 Soldaten und 50.000 Zivilisten wurden bisher getötet. Frauen wurden vergewaltigt, Kinder verängstigt, ein ganzes Volk traumatisiert. Wenn die Kämpfe so weitergehen, ist die Ukraine bald ein entvölkertes, zerstörtes Land. Und auch viele Menschen in ganz Europa haben Angst vor einer Ausweitung des Krieges. Sie fürchten um ihre und die Zukunft ihrer Kinder.

Die von Russland brutal überfallene ukrainische Bevölkerung braucht unsere Solidarität. Aber was wäre jetzt solidarisch? Wie lange noch soll auf dem Schlachtfeld Ukraine gekämpft und gestorben werden? Und was ist jetzt, ein Jahr danach, eigentlich das Ziel dieses Krieges?

Die deutsche Außenministerin sprach jüngst davon, dass »wir« einen »Krieg gegen Russland« führen. Im Ernst? Präsident Selensky macht aus seinem Ziel kein Geheimnis. Nach den zugesagten Panzern fordert er jetzt auch Kampfjets, Langstreckenraketen und Kriegsschiffe – um Russland auf ganzer Linie zu besiegen? Noch versichert der deutsche Kanzler, er wolle weder Kampfjets noch »Bodentruppen« senden. Doch wie viele »rote Linien« wurden in den letzten Monaten schon überschritten?

Es ist zu befürchten, dass Putin spätestens bei einem Angriff auf die Krim zu einem maximalen Gegenschlag ausholt. Geraten wir dann unaufhaltsam auf eine Rutschbahn Richtung Weltkrieg und Atomkrieg? Es wäre nicht der erste große Krieg, der so begonnen hat. Aber es wäre vielleicht der letzte.

Die Ukraine kann zwar – unterstützt durch den Westen – einzelne Schlachten gewinnen. Aber sie kann gegen die größte Atommacht der Welt keinen Krieg gewinnen. Das sagt auch der höchste Militär der USA, General Milley. Er spricht von einer Pattsituation, in der keine Seite militärisch siegen und der Krieg nur am Verhandlungstisch beendet werden kann. Warum dann nicht jetzt? Sofort! Verhandeln heißt nicht kapitulieren. Verhandeln heißt, Kompromisse machen, auf beiden Seiten. Mit dem Ziel, weitere Hunderttausende Tote und Schlimmeres zu verhindern. Das meinen auch wir, meint auch die Hälfte der deutschen Bevölkerung. Es ist Zeit, uns zuzuhören!

Wir Bürgerinnen und Bürger Deutschlands können nicht direkt auf Amerika und Russland oder auf unsere europäischen Nachbarn einwirken. Doch wir können und müssen unsere Regierung und den Kanzler in die Pflicht nehmen und ihn an seinen Schwur erinnern: »Schaden vom deutschen Volk wenden«.

Wir fordern den Bundeskanzler auf, die Eskalation der Waffenlieferungen zu stoppen. Jetzt! Er sollte sich auf deutscher wie europäischer Ebene an die Spitze einer starken Allianz für einen Waffenstillstand und für Friedensverhandlungen setzen. Jetzt! Denn jeder verlorene Tag kostet bis zu 1.000 weitere Menschenleben – und bringt uns einem 3. Weltkrieg näher.

10. Februar 2023 Alice Schwarzer und Sahra Wagenknecht

2. »Frieden in Europa«: Ein Antrag der AfD im Bundestag[2]

Woher stammen das Rätselraten und die Empörung über den Antrag der AfD zum »Frieden in Europa«? Wie kommt die ›junge welt‹ zu dem Urteil, die AfD hätte vor Abfassung des Antrags Kreide gefressen, also ihre wahren Absichten hinter dem Berg von Kalkstein versteckt.[3] Es setzt sich diese Partei dabei für Friedensverhandlungen ein, die längst auch von anderen illustren Seiten zumindest angesprochen werden. Und es sind formell durchaus seriöse Vorschläge, die sich an Usancen halten, die es bei derartigen Vorschlägen von dritter Seite zu beachten gilt und die in der Frühphase des Krieges auch schon auf dem Tisch lagen – allerdings nicht sehr lange. Da werden von den Kriegsparteien Ukraine und Russland gleichermaßen Kompromisse verlangt und Sicherheitsgarantien versprochen, es werden heikle Punkte, die sich aktuell jeder Friedenslösung entziehen würden – wie die *»Lösung des Krim-Problems«* – vertagt und es werden politische Subjekte benannt, denen die AfD nicht nur das notwendige politische Verantwortungsbewusstsein, sondern auch das für solche Verhandlungen notwendige Maß an Neutralität zutraut.

Allerdings erweist sich schnell, dass die AfD mit ihrem seriösen Auftritt doch in erster Linie ihre Schelte an die Adresse der deutschen Führung loswerden wollte. Das beginnt zunächst gänzlich bieder mit der Benennung eines verantwortungsbewussten und neutralen Verhandlungsführers. Und der soll – siehe da – die *»deutsche Bundesregierung«* sein. Von der weiß allerdings auch die AfD, dass sie in führender Stellung den Ukraine-Krieg mit Waffenlieferungen sponsert. Dieser im Bundestag rechtsaußen angesiedelten Partei ist natürlich nicht entgangen, dass die Bundesregierung diesen Krieg *will*, ohne ihn *selbst* führen zu müssen. Scholz steht mit seiner Regierung nicht nur hinter dem Krieg, teilt nicht nur den Anspruch der US-Regierung, dass die Russische Föderation zur Mittelmacht degradiert werden müsse, sondern nimmt zugleich das Risiko einer atomaren Eskalation

---

2 Der Wortlaut des Antrags am Schluss dieses Unterkapitels.

3 In: junge Welt vom 9.2.23.

bewusst in Kauf. Natürlich weiß die AfD auch das. Will sie denn den Kriegsteufel mit einem der – an diesem Krieg engagierten – Beelzebuben austreiben?

Natürlich nicht. Es stellt sich also eine Frage: Was prädestiniert eine derart aufgestellte deutsche Staatsmacht in den Augen der AfD zur Friedensstiftung? Der Sache kommt man näher, wenn man sich zu Gemüte führt, dass die AfD in hübscher Umdrehung bekannter Tatsachen beklagt, dass *»die Bundesregierung Deutschlands Rolle als neutraler Mittler in internationalen Konflikten nahezu aufgegeben«* habe; und wenn sie die Bundesregierung dazu aufruft *»... dass* (sie) *... sich der Verantwortung Deutschlands für den Frieden in Europa besinnt und endlich engagierter für die Beendigung der Kampfhandlungen und den Frieden auftritt.«*

Es ist denn auch, genau genommen, gar *nicht* die *gewählte Regierung* mit ihrem Kriegsprogramm, an die sie sich mit ihrem Antrag wendet. Sie wendet sich vielmehr an eine deutsche Führung, die es zwar *nicht gibt*, aber wie sie diese Partei gern *hätte*, und wie es in ihre Vorstellung von einem Europa der *»Nationalstaaten«* passt. Die Führung, die Deutschland *hat*, ist für sie keine richtige nationale Führung, weil sie sich, so das AfD-Urteil, in verhängnisvolle, souveränitätsschädigende Abhängigkeit von den USA begeben hat. Das teilt sie im Antrag denn auch mit, wenn sie wünscht, *»dass die europäischen Nationalstaaten ... in einer sich herausbildenden multipolaren Weltordnung souverän und unabhängig über ihre Sicherheit entscheiden ... müssen«*. Anders gesagt: Im Antrag entwirft die Partei mal so nebenbei, aber doch pointiert genug, so dass es nicht zu übersehen ist, gegen die eingerichtete EU ihr Bild von einem Europa *»souveräner und unabhängiger Nationalstaaten«*. Zugleich konfrontiert sie die US-dominierte Weltordnung mit der Vorstellung einer *»multipolaren Weltordnung«*, behauptet, dass die sich bereits *»herausbilde«*, prognostiziert einen *»Neustart freundschaftlicher Beziehungen, die die europäischen Nationalstaaten eigenständig und unabhängig von fremden Interessen zu Russland* (!) *aufbauen könnten und sollten«*, und schafft es, im ganzen Antrag zwar den Papst anzurufen, die Rolle der USA aber *explizit* mit keinem

Wort zu erwähnen. Auch der NATO, die die AfD gar nicht leiden kann, weil Deutschland in ihr immer noch eine – übrigens auch von Scholz und Baerbock beklagte – untergeordnete Stellung bekleidet, wird nur die eine, in ihr Konzept passende Erwähnung zuteil: die *»Ukraine dürfe kein Mitglied des NATO-Bündnisses«* werden.

In diesem Europa-Bild malt sie die vollständige Restauration des Nationalstaatsprinzips aus: *»Souverän, eigenständig, unabhängig«* sollen sich EU-Staaten auf *ihre* nationalen Interessen besinnen, sich nicht mehr von Brüssel weiter ihre Souveränität beschneiden lassen und *»freundschaftliche Beziehungen zu Russland aufbauen«*. Dass die *»multipolare Weltordnung«*, die alle vom Westen *angegriffenen* bzw. ins Visier genommenen größeren Mächte wie etwa China oder Indien ebenfalls fordern, von der AfD ohne ein starkes Deutschland nicht zu denken ist, ergibt sich aus der Rolle, die Deutschland als *»neutraler Vermittler in internationalen Konflikten«* wieder einzunehmen *hätte*, natürlich immer mit der OSZE in *»überwachender«* Funktion dabei. Auf ihr souveränes, eigenständiges Deutschland hat die Welt wieder zu hören; dies ist ihre Variante einer imperialistischer Großmachtvision.

Und auf diese Weise soll der *»Frieden in Europa«* wieder einkehren? Mit neu *geschärftem Nationalismus* der europäischen Staaten und mit einer *Kampfansage* an das von den USA beanspruchte Weltordnungsmonopol, in dem ein von der AfD etablierter *Freund* Russland doch gerade *keinen Platz als anerkannte Weltmacht* haben soll? Hübscher Frieden!

Doch wohlgemerkt: Dass der AfD-Antrag im Bundestag keine Mehrheit bekommen hatte, lag nicht daran, dass der Ampel und der CDU/CSU die Friedensvorstellungen dieser Partei mit ihrer *antiamerikanischen* Ausrichtung so gar nicht gepasst hätten. Dass man sich mehr Selbständigkeit gegenüber dem »großen Partner« wünscht, treibt deutsche Politik nicht erst seit Trump um. Auch werden sie kaum vor dem Bild zurückgeschreckt sein, das die AfD für ein neues Großdeutschland vorgestellt hat. Mit dem Programm der »Zeitenwende« zielt die Scholz-Regierung durchaus in eine genauso kriegsträchtige Richtung – nur eben mit zunächst noch umgekehrten weltpolitischen Vorstellungen. Abgelehnt wurde der Antrag erstens, weil er von der AfD kam, zweitens weil der russische Angriffskrieg – was gänzlich gegen die offizielle politische Linie gerichtet ist – auf ein *Versäumnis des Westen* zurückgeführt wird, denn der AfD zufolge waren *»...die EU und ihre Mitgliedstaaten zu schwach (!) ..., den völkerrechtswidrigen Angriffskrieg in ihrer östlichen Nachbarschaft zu verhindern«* –, und drittens, weil die *Friedens*regelungen des Antrags den auf russische Degradierung zielenden *Sieg*vorstellungen, die Deutschland mit dem Rest des Westens teilt und verfolgt, gänzlich widersprechen.

PS: Dass der AfD-Vorsitzende Chrupalla und evtl. noch andere Rechtsaußen auch das Manifest von Wagenknecht und Schwarzer unterzeichnet haben, hat Rätselraten ausgelöst. Spekulationen über unlautere Motive und Diskreditierung der Autorinnen – dazu gehört prominent der Querfront-Verdacht – machten die Runde. Eine durchgehende Affinität zum Gehalt des Manifestes kann es jedoch wohl kaum gewesen sein, denn ihre eigenen politischen Ambitionen werden die AfDler im Manifest kaum entdeckt haben. Dessen demokratischer Patriotismus, der einerseits zwar eine Anklage an den deutschen Kriegskurs enthält, der aber andererseits dann doch wieder in die *Unterwerfung* unter den *guten Willen der regierenden Politik* mündet, die bekanntlich im Schulterschluss mit den USA in der Ukraine einen Krieg führt, ist das Letzte, was den AfDlern passt. Diese Partei bringt gerade mit ihrem eigenen Antrag zum Ausdruck, dass für sie die Behauptung nationalstaatlicher Souveränität auch und gerade gegen die USA – wenigstens unter Biden; unter Trump sähe es für sie wohl etwas anders aus – das A und O ihrer Politik und alles andere für sie eine *Bankrotterklärung* nationaler Souveränität ist. Dennoch gibt es eine *gemeinsame Schnittmenge:* Die *Vorstellung* – und mehr wäre es nicht –, dass durch Verhandlungen der Krieg beendet werden könnte, ohne dass die USA ihre Zwecke militärisch durchgesetzt hätten, dass der Russischen Föderation vielleicht Zugeständnisse gemacht werden müssten, die zur Zeit von Selensky noch als Bankrotterklärung abgeschmettert werden, dass die Welt darüber der multipolaren Ordnung mit neu gewichteter deutscher (Friedens-)Rolle näher kommen könnte, diese Vorstellung gefällt auch einem AfDler.

Anhang

»Deutscher Bundestag Drucksache 20/55510. Wahlperiode 07.02.2023

Antrag der Fraktion der AfD Deutschlands Verantwortung für Frieden in Europa gerecht werden – Eine Friedensinitiative mit Sicherheitsgarantien für die Ukraine und Russland

Der Bundestag wolle beschließen:

I. Der Deutsche Bundestag stellt fest: Die europäischen Nationalstaaten müssen in einer sich herausbildenden multipolaren Weltordnung souverän und unabhängig über ihre Sicherheit entscheiden. In den vergangenen Jahren wurde deutlich, dass die EU und ihre Mitgliedstaaten zu schwach waren, den völkerrechtswidrigen Angriffskrieg in ihrer östlichen Nachbarschaft zu verhindern. Vielmehr hat die finanzielle und ideologische Unterstützung oppositioneller Gruppen vor allem durch das EU-Programm der Östlichen Partnerschaft zu wachsender Instabilität und Spaltung in einigen dieser Staaten geführt. Das deutsch-französische Tandem ist auch derzeit nicht in der Lage, eine führende Rolle bei der Befriedung des russisch-ukrainischen Konflikts zu spielen. Darüber hinaus hat die Bundesregierung Deutschlands Rolle als neutraler Mittler in internationalen Konflikten nahezu aufgegeben und dafür die Kosten dem unbeteiligten deutschen Volke aufgetragen, das nun mit Preissteigerungen und einer unsicheren Energieversorgung konfrontiert ist. Die bisher vorgelegten Friedensinitiativen seitens europäischer Staaten (z.B. Italien) waren begrüßenswert, aber letztlich unrealistisch, weil sie die vitalen Sicherheitsinteressen der beiden Konfliktparteien nicht hinreichend berücksichtigt haben. Es ist an der Zeit, dass die Bundesregierung sich der Verantwortung Deutschlands für den Frieden in Europa besinnt und endlich engagierter für die Beendigung der Kampfhandlungen und den Frieden auftritt.

Ein erster Schritt wäre, die politische, militärische und finanzielle Unterstützung der Ukraine an die Verhandlungsbereitschaft Kiews zu ernsthaften Friedensgesprächen zu knüpfen und auch gegenüber Russland Gesprächsbereitschaft einzufordern. Auch unsere europäischen Nachbarn erwarten von deutscher Seite eine tragfähige Friedensinitiative und keine Unterstützung eines hingezogenen Abnutzungskampfes gegen die Russische Föderation, der die wirtschaftlichen und kulturellen Beziehungen der Länder Europas zu Russland, China und gegebenenfalls weiteren Staaten auf unabsehbare Zeit blockieren könnte. Eine privilegierte EU-Partnerschaft für die Ukraine bei gleichzeitiger Garantie, kein Mitglied des NATO-Militärbündnisses und der EU zu werden, könnte eine Bedingung für ein Friedensabkommen sein, dass sowohl die Sicherheitsinteressen Russlands als auch der Ukraine berücksichtigt. Deutschland und die EU könnten so viel besser als durch Waffenlieferungen die Voraussetzungen für den Fortbestand der Ukraine in einer europäischen Nachkriegsordnung unterstützen. Dies böte unter anderem vielfältige Möglichkeiten für wirtschaftliches Wachstum und Konnektivität in einem größeren europäischen Raum und für einen Neustart freundschaftlicher Beziehungen, die die europäischen Nationalstaaten eigenständig und unabhängig von fremden Interessen zu Russland aufbauen könnten und sollten.

II. Der Deutsche Bundestag begrüßt und unterstützt

– die Friedensbemühungen und Vermittlungsversuche seitens einzelner Staaten und der Vereinten Nationen;

– den Appell von Papst Franziskus an die russische Regierung »die Spirale von Gewalt und Tod« zu stoppen und an die ukrainische Staatsführung »für ernsthafte Friedensvorschläge« offen zu sein

– den Vorschlag des französischen Staatspräsidenten Emanuel Macron für umgehende Friedensgespräche mit Sicherheitsgarantien für Russland (DIE ZEIT, Dezember 2022).

III. Der Deutsche Bundestag fordert die Bundesregierung auf, 1. sich mit Nachdruck für die Entsendung einer internationalen Friedensdelegation unter Leitung eines Repräsentanten der Organisation für Sicherheit und Zusammenarbeit in Europa (OSZE) nach Kiew und Moskau einzusetzen und mit beiden Seiten einen sofortigen Waffenstillstand zu vereinbaren. Ein solcher könnte

– eine Feuerpause für die Dauer von mindestens 90 Tagen,

– die zeitnahe Entflechtung der beteiligten Truppen, um mindestens 30 Kilometer,

– die Überwachung der Feuerpause und Truppenentflechtung durch die OSZE,

– den sofortigen Zugang für humanitäre Hilfsorganisationen in alle umkämpften Gebiete vorsehen; die beiden Kriegsparteien zu umfassenden und weitreichenden Waffenstillstandsverhandlungen zu bewegen und folgende Vorschläge an die Kriegsparteien heranzutragen, die Teil eines Friedensabkommens werden könnten:

– die Schaffung von VN-Mandatsgebieten in den vier Oblasten Luhansk, Donezk, Saporischschja und Cherson;
– ein schrittweiser Rückzug der russischen Streitkräfte aus dem ukrainischen Staatsgebiet auf den Stand vor dem 24. Februar 2022 bei gleichzeitiger schrittweiser Reduzierung der militärischen Unterstützung für die Ukraine seitens der EU-Mitgliedstaaten, Großbritanniens und den USA sowie die schrittweise Aufhebung der gegen die Russische Föderation gerichteten Sanktionen;
– die Umsetzung des von Emmanuel Macron am 5. Dezember 2022 geäußerten Vorschlags, der Durchführung von neuen Referenden unter Beobachtung und Kontrolle der OSZE in den besetzten Gebieten der vorgenannten Oblaste über deren Zugehörigkeit zur Ukraine oder zur Russischen Föderation, nach einer vorherigen Rückkehr der Kriegsflüchtlinge;
– eine privilegierte EU-Partnerschaft für die Ukraine, unter der gleichzeitigen Bedingung, dass die Ukraine kein NATO- und kein EU-Mitglied wird. Außerdem sollten auf dem Staatsgebiet der Ukraine keine Atomwaffen gelagert, Raketen oder ausländische Truppen stationiert werden;
– offene Fragen im Zusammenhang mit der Krim und Sewastopol innerhalb von 15 Jahren durch bilaterale Verhandlungen zwischen der Ukraine und Russland zu lösen;
– Regelungen zur Aufklärung und Ahndung aller begangenen Verstöße gegen das humanitäre Völkerrecht von beiden Kriegsparteien.
Berlin, den 2. Februar 2023
Dr. Alice Weidel, Tino Chrupalla und Fraktion«

3. Die Mitte der Gesellschaft appelliert[4]

Was treibt Angehörige der geistigen Elite der Nation dazu, angestiftet durch P. Brandt, den Sohn von Willy Brandt,[5] einen Friedensappell *»der Mitte der Gesellschaft«* zu verfassen, der zu Verhandlungen über Frieden in Europa aufruft – für sie *»ein notwendiger Schritt, um das Töten zu beenden«;* allerdings in ei-

[4] Siehe den Aufruf am Schluss dieses Unterkapitels.

[5] Der muss denn auch mit einem Poesiealbumspruch peinlichster Güte zitiert werden, der auf alles und jedes von jedermann angewandt werden kann, wenn ihm etwas nicht passt: »Es gilt sich gegen den Strom

nem Krieg, den es so, wie er in dem Appell vorkommt, gar nicht geben kann. Der Krieg in ihrem Aufruf hat nämlich nur *einen* Kombattanten, Russland. Damit aber aus dem russischen Angriff der *Krieg* wird, der in der Ukraine schlimmes Unheil anrichtet, braucht es mindestens *zwei* Staaten, die sich bekriegen. Ein russischer Angriff *ohne* militärische Entgegnung durch die vom Westen ausgerüstete Ukraine hätte längst das Land erobert und den ukrainischen Präsidenten in die Wüste geschickt.

Aber dass »wir«, also Deutschland, zusammen mit dem Westen den Krieg in der Ukraine – auch noch verantwortlich – *führen*, das *darf* nicht sein; weswegen es eben auch nicht der Fall *ist*. Und so wird der Kanzler Scholz denn auch nur als *Friedensstifter* angesprochen.[6] Es handelt sich dabei nicht um eine geistige Verwirrung der Verfasser, sondern um die Deutung deutscher Nachkriegsgeschichte im Lichte einer *»Friedens-und Entspannungspolitik«*, für die Vater Brandt als Agent und Kronzeuge herhält. Dieser Politik soll sich nicht nur die *»deutsche Einheit und die Überwindung der europäischen Spaltung«* verdankt haben. Auch die Vereinten Nationen, die dem Aufruf zufolge *»mit dem Konzept der gemeinsamen Sicherheit den Weg in eine friedliche Welt aufgezeigt«* haben sollen, basieren dem Aufruf zufolge auf deutscher Friedenspolitik: Denn die »*Wurzeln*« dieses Konzepts liegen, wie es im Aufruf heißt, ebenfalls *»in der deutschen Friedens- und Entspannungspolitik«*. Man höre und staune! An deutschem Friedenswesen *soll* nicht nur in Zukunft – bei der Beendigung des Krieges – die Welt genesen, sondern diesem Wesen soll sich

---

zu stellen, wenn dieser wieder einmal ein falsches Bett zu graben versucht.«

[6] AfD und Brandt-Gruppe erfinden sich beide in ihren Ansprachen einen Kanzler, der mit dem, der den Krieg gegen Russland »from behind« führt, nichts zu tun hat; allerdings aus gegensätzlichen Gründen. Während die AfD sich einen deutschen Kanzler malt, der eine eigenständige, nationale Politik mit gegen die USA gerichteten Weltmachtambitionen verfolgt, denkt sich P. Brandt in seinem Manifest den realregierenden Kanzler als Friedensstifter zurecht.

auch mindestens der europäische Frieden der jüngeren Vergangenheit *verdankt* haben.[7]

Diese versammelten Erfindungen nehmen sich wie eine grenzenlos idealisierte Hommage an den Friedensnobelpreisträger W. Brandt aus, der mit seiner Ostpolitik in den 1970er-Jahren – übrigens überhaupt nicht selbstlos[8] – jene Annäherung an die Sowjetunion eingeleitet hat, die angesichts der Energieabhängigkeit vom Kriegsgegner Russland heute als einer der größten Fehler der Nachkriegsgeschichte gilt. Übrigens sind auch schon damals die Verträge mit der Sowjetunion als *»Ausverkauf deutscher Interessen«* von CDU/CSU gegeißelt worden. Allerdings weniger wegen einer möglichen Abhängigkeit von russischen

---

[7] Welcher Friede? Der Friede, der in der EU-Gründung steckt, die als Konkurrenzunternehmung gegen die USA etabliert worden ist? Der Friede, der in der Annektierung der DDR steckt, einem kriegergebnisgleichen Vorgang, der nur deswegen ohne Waffengang über die Bühne ging, weil Russland seinen Panzern befohlen hatte, in der Kaserne zu bleiben? Der Friede, mit dem Jugoslawien in handliche nichtsozialistische Teilstaaten zerlegt worden ist? Der Friede, mit dem Europa unter Merkel Griechenlands Bevölkerung zwecks Rettung des Euro vor dem verschuldeten Staatshaushalt verarmt hat? Usw.

[8] »Es ist jedoch kein Zufall, dass zeitgleich, am 1. Februar 1970, die Konzerne Ruhrgas und Mannesmann sowie die Deutsche Bank mit sowjetischen Regierungsvertretern ein Milliardengeschäft unterzeichneten. Der Vertrag sah die Lieferung von 1,2 Millionen Tonnen Großrohren durch die Mannesmannröhren-Werke an die Sowjets bis Dezember 1972 für eine Gaspipeline von 2.000 Kilometer Länge vor. Die Deutsche Bank finanzierte gemeinsam mit anderen deutschen Geldhäusern dieses Geschäft mit einem Kredit von 1,2 Milliarden DM zu Konditionen, die drei Prozentpunkte unter den damals üblichen Zinsen lagen. Die sowjetische Seite verpflichtete sich im Gegenzug, vom 1. Oktober 1972 bis 1992 52 Milliarden Kubikmeter Gas im Wert von 2,5 Milliarden DM zu liefern. Damit war auch der Kredit zu tilgen. Die Ruhrgas AG hatte dagegen den Auftrag, das sowjetische Gas in der BRD zu verkaufen. Obwohl diese für die sowjetische Seite sehr vorteilhaften Bedingungen geheim gehalten wurden, sickerten Informationen darüber in die Medien durch.« (www.bpb.de/themen/deutschlandarchiv/54107/die-westdeutsche-ostpolitik-und-der-zerfall-der-sowjetunion/)

Gas- und Öllieferungen. Die ›Moskauer Verträge‹ mit der Anerkennung der Oder-Neiße-Grenze zu Polen wurden vielmehr als Verzicht auf eine Wiedervereinigung mit der DDR ausgedeutet. Das Gegenteil war wahr und sollte sich bekanntlich auch bewahrheiten.[9] Und mit der Aneignung der DDR hat die Bundesrepublik schließlich ihre – nicht nur territoriale – Größe erworben, auf deren Grundlage sie sich heute als führende Nation in Europa weiß, die mit der »Zeitenwende« ganz aktuell den Anspruch unterstreicht, nicht nur ökonomisch und politisch, sondern auch in militärischer Hinsicht in Europa Führungsaufgaben in der europäischen Friedenspolitik zu übernehmen.

Aber damit nicht genug: Wenn die Autoren im Aufruf schreiben, dass *»mit jedem Tag die Gefahr der Ausweitung der Kampfhandlungen wächst«*, und wenn sie ihren Wunsch zum Ausdruck bringen, *»dass die Welt nicht in einen neuen großen Krieg hineinschlittern darf«*, dann ergibt das ein Bild von Kriegshandlungen, die ganz ohne Subjekte und damit ganz ohne jene politischen Interessen auskommen, auf deren Grundlage Kampfhandlungen befohlen, dafür Menschen- und Waffenmaterial rekrutiert, Eskalationen durchkalkuliert und dabei Risiken in Kauf genommen werden, welche im übrigen Zeugnis davon ablegen, dass dieser Krieg bereits *»jener große Krieg«* ist, den Brandt und Co. nicht sehen wollen.

Bei ihnen *»wächst eine Gefahr«* – weshalb und wodurch auch auch immer. Sie wächst von selbst, fast wie ein Naturereignis.

---

[9] So stellte z.B. das Bundesverfassungsgericht 1975 fest: »Der Wille der Bundesrepublik, bei den Grenzregelungen der Verträge von Moskau und Warschau nicht über den territorialen Status Deutschlands zu verfügen, war auch für die Vertragspartner erkennbar und hat sogar seinen Niederschlag in den Verträgen selbst gefunden. Nach Art. 4 des Moskauer Vertrages bleiben die von den Vertragspartnern früher abgeschlossenen zweiseitigen und mehrseitigen Verträge und Vereinbarungen unberührt. Hierzu gehören auch die Abkommen, aus denen sich die Rechte und Verantwortlichkeiten der Vier Mächte in Bezug auf Deutschland als Ganzes ergeben.« (de.wikipedia.org/wiki/Oder-Nei%C3%9FeGrenze#Alliierte_Politik_1949_bis_1990)

Und da darf die Welt nicht in einen *»neuen großen Krieg hineinschlittern«* – so als sei die Welt einer völlig namenlosen Kraft ausgeliefert, die nur aufgehalten werden kann ... wodurch wohl? Natürlich durch *eine »europäische Entspannungspolitik«*, deren politische Subjekte den Ukrainekrieg gerade kräftig anheizen. Nur dadurch könne die *»Ausweitung der Kampfhandlungen«* vermieden und dafür Sorge getragen werden, dass es nicht zu einem *»neuen großen Krieg«* kommt. Immer ist es zudem bei den Appellanten weniger der laufende, territorial – noch – auf die Ukraine begrenzte Krieg, der bei ihnen Anteilnahme und Besorgnis auslöst, sondern eher seine *»Ausweitung«* zu *»neuem großen Krieg«*.

Diese Gefahr soll in Friedensverhandlungen eingedämmt werden, als deren Protagonisten sie sich den deutschen *»Bundeskanzler, zusammen mit Frankreich insbesondere Brasilien, China, Indien und Indonesien«* ausgedacht haben. Eine hübsche Staatengemeinschaft haben sie sich da im Geiste als *Friedensstifter* zusammengestellt: Neben zwei *Kriegsparteien* aus dem westlichen Lager, über deren Vorstellungen davon, wie ein siegreiches Kriegsende auszusehen hat, kein Zweifel besteht, sollen es Staaten aus dem Lager des BRICS-Bündnisses richten, zu dem bekanntlich auch die Russische Föderation gehört, die bislang noch davon ausgeht, einige ihrer *Kriegsziele militärisch* durchsetzen zu können.

Auf diese Zusammenstellung können Brandt und Mitstreiter nur kommen, wenn sie davon ausgehen, dass eigentlich niemand am Krieg ein Interesse haben kann – auch die nicht, die ihn in Verfolgung ihrer imperialen Interessen gerade führen. Genau das deuten sie auch an, wenn sie ihre Weltanschauung über einen eigentlichen Zustand der Welt zum Besten geben: *»Unsere Welt ist auf Gegenseitigkeit angewiesen«*. Die Welt, ein einziges Geben und Nehmen? Die Welt, bevölkert mit Staatsgewalten, die nur der Kompromiss mit Ihresgleichen umtreibt? Ob ihnen klar ist, wie *verräterisch* ihre Vorstellung von einer friedlichen Welt ist, in der sich Partner auf Augenhöhe über die Verfolgung von Interessen irgendwie arbeitsteilig verständigen? Dass sich nämlich in einer *»Welt«*, die auf Gegenseitigkeit *»angewiesen«* ist, das Geben und Nehmen keine Selbstverständlichkeit zwischen Partnern auf Augenhöhe darstellt, sondern es je nach unterschiedlicher Potenz und Interesse von Gebern und Nehmern durchgekämpft wird; genau so, wie dies die kapitalistische Konkurrenzordnung auszeichnet.[10]

Dass für sie der *Frieden,* für den sie initiativ werden, identisch ist mit einer *»Sicherheitsordnung in Europa«*, spricht ebenfalls sehr dafür, dass es sich um einen Frieden handelt, dem offenbar nicht recht zu trauen ist. Denn wenn dieser Frieden allein für *Sicherheit* sorgt, muss es dafür Gründe geben. Worin die chronischen ›Unsicherheiten‹ liegen, die zum Zwecke ihrer Bewältigung so einer Ordnung bedürfen, verrät der Appell nicht. Ausnahmsweise haben sie damit aber – wenngleich inhalts- und begriffslos – etwas getroffen: In der Tat ist die Friedensordnung, die der Westen mit dem Ukrainekrieg wieder herstellen will, die Etablierung einer Ordnung, die ihre Kriegsträchtigkeit in sich trägt.[11]

Fazit: Vor dem Frieden aus der *»Mitte der Gesellschaft«*, aus der dieser Appell stammt, kann man nur warnen.

EINE FRIEDENSINITIATIVE
AUS DER MITTE DER GESELLSCHAFT

Frieden schaffen: Waffenstillstand, Verhandlungen und gemeinsame Sicherheit – die Initiative fordert aus den positiven Erfahrungen der europäischen Entspannungspolitik ihre Fortsetzung, damit es schnell zu einem Ende des Krieges und zu einer neuen Friedens- und Sicherheitsarchitektur in Europa kommt.

FRIEDEN SCHAFFEN!

Waffenstillstand und Gemeinsame Sicherheit jetzt!

Mehr als ein Jahr dauert bereits der russische Angriffskrieg auf die Ukraine. Jeder weitere Tag Krieg bedeutet für die betroffenen Menschen mehr Leid und Zerstörung, mehr Verwundete und Tote. Mit jedem Tag wächst die Gefahr der Ausweitung der Kampfhandlungen.

---

[10] Und die wird im nächsten Kapitel kritisiert.

[11] Siehe dazu ebenfalls das nächste Kapitel.

Der Schatten eines Atomkrieges liegt über Europa. Aber die Welt darf nicht in einen neuen großen Krieg hineinschlittern. Die Welt braucht Frieden. Das Wichtigste ist, alles für einen schnellen Waffenstillstand zu tun, den russischen Angriffskrieg zu stoppen und den Weg zu Verhandlungen zu finden.

Aus dem Krieg ist ein blutiger Stellungskrieg geworden, bei dem es nur Verlierer gibt. Ein großer Teil unserer Bürger und Bürgerinnen will nicht, dass es zu einer Gewaltspirale ohne Ende kommt. Statt der Dominanz des Militärs brauchen wir die Sprache der Diplomatie und des Friedens.

Die Friedens- und Entspannungspolitik, der wir die deutsche Einheit und die Überwindung der europäischen Spaltung verdanken, ist nicht überholt. Wir haben uns in der Vergangenheit für ihre Ziele eingesetzt und tun das auch heute. Um es mit Willy Brandt zu sagen: »Es gilt sich gegen den Strom zu stellen, wenn dieser wieder einmal ein falsches Bett zu graben versucht.«

Die Vereinten Nationen haben mit dem Konzept der gemeinsamen Sicherheit den Weg in eine friedliche Welt aufgezeigt. Es hat seine Wurzeln in der deutschen Friedens- und Entspannungspolitik. In diesem Geist kam es zur Schlussakte von Helsinki und zur Charta von Paris für ein neues Europa. Daran knüpfen wir an. Frieden kann nur auf der Grundlage des Völkerrechts und auch nur mit Russland geschaffen werden.

Unsere Welt ist auf Gegenseitigkeit angewiesen, nur so sind die großen Herausforderungen unserer Zeit zu bewältigen. Entscheidend ist es, die Eskalation des Krieges zu stoppen. Wir ermutigen den Bundeskanzler, zusammen mit Frankreich insbesondere Brasilien, China, Indien und Indonesien für eine Vermittlung zu gewinnen, um schnell einen Waffenstillstand zu erreichen. Das wäre ein notwendiger Schritt, um das Töten zu beenden und Friedensmöglichkeiten auszuloten. Nur dann kann der Weg zu einer gemeinsamen Sicherheitsordnung in Europa geebnet werden.

Initiatoren und Verantwortliche:

Prof. Dr. Peter Brandt, Historiker; Reiner Braun, Internationales Friedensbüro; Reiner Hoffmann, ehem. DGB-Vorsitzender; Michael Müller, Bundesvorsitzender der Naturfreunde, Parl. Staatssekretär a.D.

frieden-und-zukunft.de/2023-04-01_aufruf-frieden-schaffen/

4. Kritik …

Kritik am Ukraine-Krieg und an der deutschen Beteiligung an ihm erschöpft sich – weitgehend – in pazifistischem Appellantentum und in einigen anderen öffentlich gewordenen, ähnlich widersprüchlichen Versuchen, der deutschen Politik einerseits die Waffenlieferungen und damit die Kriegsverlängerung *anzukreiden*, dies aber andererseits zugleich als deren Pflichtvergessenheit zu *entschuldigen*. Auch die *Ostermärsche 2023*, an denen die Presse in erster Linie interessierte, ob sie auch gewaltfrei verlaufen sind – ein unfriedlicher Friedensmarsch würde sich für sie ja glatt selbst entlarven –, fallen darunter. Eine ihrer zentralen Parolen hieß nämlich: *»Krieg löst keine Probleme – die Waffen nieder!«*[12] Die Marschierer haben damit wohl kaum die Probleme gemeint, die die *Kriegsparteien* zu »lösen« versuchen. Denn die gehen davon aus, dass sie ihre gegeneinander gerichteten imperialistischen Sicherheitsfragen nur *mit* Krieg »lösen« können. Da müssen die Ostermarschierer schon an andere »Probleme« gedacht haben – z.B. an »Frieden«, ein »Problem«, das bei ihnen ja allerhöchsten Rang hat und in allen anderen Osterparolen eingeklagt wird: *»Die Waffen nieder – für eine friedliche Welt!«* Aber sie denken zugleich an weitere Probleme: *»Für Frieden und Klimaschutz!«*, *»Für Heizung, Brot und Frieden!«* usw. lauten andere Parolen. Da kommt schon Einiges zusammen, für das der Krieg nun wirklich keine befriedigende Lösung anbietet. Man möchte geradezu anmerken, dass Kriege einige dieser Probleme glatt verschärfen. Aber im Ernst: Es kann doch wohl nicht wahr sein, dass sich Ostermarschierer von einer Niederlegung der Waffen zugleich die Lösung aller Welt-Probleme – Frieden, Klima, Armut, Hunger usw. – versprechen. Und doch ist es wahr. Schaut man sich die Logik der zentralen Parole an, dann wird an den Krieg glatt erst einmal die Frage herangetragen, ob er denn das Klima retten und die Armut beseitigen würde; um dann – überraschenderweise – zu der negativen, geradezu valentinesken Antwort zu kommen: ›Nein, diese Probleme löst der Krieg nicht, weswe-

---

[12] In: junge Welt vom 8.4.23

gen wir, die Ostermarschierer, auch gegen ihn sind und uns ganz dem Wunsch nach Frieden widmen. Denn nur der löst die Probleme der Welt.‹ Dass diese ›Probleme‹ – zuvörderst Klima und Armut – gerade das *Produkt der Friedenszeiten* sind, geht an diesen Friedensfreunden vorbei. Auf jeden Fall waren die Märsche – wie schon immer – ein voller Erfolg. So zog die Informationsstelle Ostermarsch eine positive Bilanz: *»An den mehr als 120 Aktionen der Friedensbewegung hätten sich auch in diesem Jahr wieder mehrere Zehntausend Menschen beteiligt.«*[13] Was aus ihren Friedensforderungen *wird*, das wissen sie aus langer Erfahrung. Deswegen ist auch schon das erneute *Stattfinden* der Märsche ein Triumph.

… und antikritische Fahndung

Dass die deutsche Kriegsbeteiligung hierzulande auf größeren Widerstand stößt, ist also nicht festzustellen. Störer jener Verhältnisse, die den deutschen Alltag immer noch so friedlich aussehen lassen, weil Deutschland den Krieg in der Ukraine führen lässt, sind nicht am Werk. Es verhält sich glatt umgekehrt. Hört man gelegentlich von Fällen, in denen z.B. Journalisten, wie etwa Gabriele Krone-Schmalz, die als alte Moskaukorrespondentin nur darauf drängte, beiden Seiten des Krieges Gerechtigkeit widerfahren zu lassen, die also noch weit entfernt von einer Kritik der deutschen Kriegsbeteiligung war, bereits zu *Verfemten* ihrer Zunft erklärt werden, dann kommt man um einen Schluss nicht herum: Die hierzulande durchgesetzte Parteilichkeit für den Ukrainekrieg und die deutsche Beteiligung an ihm stellt längst keine bloße *Meinung* dar, sondern weiß sich bereits zur *antikritischen Fahndung* beauftragt. Auch in Universitäten setzt sich inzwischen – die dort untergekommenen alten 68er sind längst im Ruhestand – das politisch korrekte Denken durch. So wissen z.B. politische Gruppierungen, die im ASTA das Sagen haben, Mittel, um abweichen-

---

[13] www.stern.de/gesellschaft/regional/nordrhein-westfalen/ostermaersche---netzwerk-friedenskooperative-zieht-positive-bilanz-33361878.html

dem Denken zum Ukrainekrieg – im wahrsten Sinne des Wortes – keinen Raum zu lassen. Und es haben Professoren, die als Anhänger des »freien Meinens« im Wissenschaftsbetrieb den einen oder anderen kritischen Traktat veröffentlicht haben, zu spüren bekommen, dass sich ihre Wissenschaft ebenfalls unter den herrschenden politischen Konsens zu beugen hat. Denn Freiheit von Forschung und Lehre *»ist ein Privileg, das jedoch auch mit großer Verantwortung einhergeht«.*[14] Und *»große Verantwortung«* besteht darin, ohne Maßregelung und Zensur von oben der richtigen Parteilichkeit das wissenschaftliche Gewand zu verpassen.[15]

In diesem Zusammenhang müssen auch jene *Auftrittsverbote* für russische oder russischstämmige Künstler und Sportler im westlichen Ausland erwähnt werden, die sich für bestimmte

---

[14] www.spiegel.de/panorama/bildung/universitaet-bonn-kuendigt-politikwissenschaftlerin-ulrike-guerot-a-bffd112c-a87a-4168-947c-f47ae5565093

[15] Eine Frau Guérot z.B., Professorin in Bonn, die die Anti-Putin-Hetze nicht mitgemacht hat, durfte spüren, was es heißt, wenn man »Verantwortung« anders auslegt. Sie wird zunächst von Studierenden der Universität Bonn, die wissen, was sie dem Ruf ihrer Uni schuldig sind, heftig angriffen: Ihre wissenschaftliche Arbeit sei »rufschädigend für die Uni«. Sie forderten ein Berufsverbot für diese Wissenschaftlerin, das dann die Uni-Leitung vollzog und ihr kündigte. Ihr Verbrechen: Sie hat ein Buch mitverfasst, in dem es hieß: Das Land habe »stellvertretend für den Westen einen Krieg mit Russland« begonnen. Die offizielle Begründung für die Kündigung war allerdings – hoch interessant – ein Plagiatsvorwurf. (www.spiegel.de/panorama/bildung/universitaet-bonn-kuendigt-politikwissenschaftlerin-ulrike-guerot-a-bffd112c-a87a-4168-947c-f47ae5565093) Bemerkenswert ist dabei das Mitwirken von Grünen: Sie haben unter der Leitung von R. Fücks und der Russenfresserin M.-L. Beck eine »Denkfabrik« gegründet, die »Gegneranalysen« – wohlgemerkt: nicht *Gegen*analysen, sondern *Gegner*analysen – verfertigt, denen wohl bereits das Online-Magazin »Nachdenkseiten« zum Opfer gefallen ist. Ihm wurde von Finanzbehörden die Förderung entzogen: Das Kriterium der Gemeinnützigkeit – ein hübscher Maßstab – soll nach »Analyse« der grünen »Denkfabrik« nicht erfüllen, was diese Seiten zum Nachdenken ins Netz stellen. Sie werden darüber wohl nachdenken.

Sportarten bereits zum Berufsverbot entwickelt haben. Ereilt hat das alle diese Russen bzw. Russischstämmigen, weil mit Staatsbürgerschaft oder Herkunft automatisch der Verdacht gegeben war, dass sie ihrer Heimat im Ausland die Treue halten und vielleicht sogar als feindliche Propagandisten, als eine Art 5. Kolonne Moskaus auftreten könnten. Der Verdacht hatte weniger an den Auftritten dieser Russen ihr Material, als vielmehr an dem, was hiesige Sittenwächter bei *ihrem Volk* unterstellen, nämlich einen ausgewachsenen Nationalismus. Nur wenn sie bei allen Russen unterstellen, was ihnen bei ihren Bürgern lieb, wert und ausnutzbar ist, geraten die ohne nähere Prüfung ihres Denkens und Treibens zu geschmähten Putinfreunden. Ohne sich devot von Putin distanziert zu haben, gilt für die dann hier das Auftrittsverbot. Sie selbst stellen natürlich überhaupt keine Störung des Kunst- und Sportbetriebs dar. An ihren Leistungen wurde kein Mangel festgestellt. Wie auch, wo eine Verdi-Arie, ein Beethoven-Quartett oder ein doppelter Salto ziemlich gleichgültig gegenüber politischen Ansichten der jeweiligen Sänger, Geiger oder Turner ist. Als Störung werden sie von *deutschen »Kollegen« empfunden.* Vor allem die Veranstalter deutscher Musik- und Sportevents können es nicht ertragen, wenn jemand, der hierzulande fidelt, jubiliert oder sportelt – und zwar dies schon mit in der Vergangenheit bejubelten Auftritten –, jetzt nicht die richtige Parteilichkeit vor sich her trägt.

Neufassung des »Volksverhetzungsparagraphen« StGB § 130: ...
Da dieses antikritische Fahndungsinteresse in den Medien und auch im Bereich der sonstigen geistigen Elite seinen Ort gefunden hat, hat die hiesige Obrigkeit eine Sorge weniger. Vor allem der »Vierten Gewalt« kann sie nicht nur ihre Kriegspropaganda anvertrauen, sondern es ihr ebenfalls überlassen, geistige Abweichler an den Pranger zu stellen. Das hindert sie allerdings nicht daran, Überlegungen anzustellen, ob nicht im Bereich der anderen drei Gewalten die eine oder andere Nachsorge fällig ist.

Es ist in der öffentlichen Debatte über Krieg und Klima ziemlich untergegangen, dass der Bundestag am 20.10.2022 auf Antrag der Ampelregierung in einem sogenannten Omnibus-Schnellverfahren[16] – *»in einer Nacht- und Nebelaktion«* (FAZ) – den sogenannten Holocaustleugnungsparagraphen im deutschen Strafgesetzbuch erweitert hat. Aus einem Sonderrecht,[17] das sich bisher auf den Umgang mit dem Nationalsozialismus beschränkte, wurde dadurch ein allgemeiner Rechtstatbestand.[18] Mit Freiheitsstrafen bis zu fünf Jahren kann *»Volksverhetzung«*, die *»geeignet ist, den öffentlichen Frieden zu stören«*, geahndet werden. Fragt man nach, was diese Neufassung nach Auffassung der Regierung begründet, erhält man folgende Antwort: *»Die Neufassung dient der Klarstellung, dass das Leugnen oder gröbliches Verharmlosen von Völkermord, Verbrechen gegen die Menschlichkeit und Kriegsverbrechen unter bestimmten Voraussetzungen strafbar sein kann.«*[19] Diese Klarstellung legt Wert darauf, dass ein *»Leug-*

---

[16] Das »Omnibusverfahren« besteht darin, dass zwecks schnellerer Verabschiedung Gesetze auch ohne inhaltlichen Bezug für das Abstimmungsverfahren zusammengefasst werden können.

[17] Obwohl Sonderrechte im Allgemeinen in Strafgesetzbüchern nichts verloren haben, wurde dieses Sonderrecht 2009 für verfassungsgemäß erklärt, weil »das Grundgesetz ein Gegenentwurf zu dem Totalitarismus des nationalsozialistischen Regimes sei«, weswegen diese Ausnahme vom Verbot von Sonderrechten mit der Verfassung vereinbar sei. (www.bundesverfassungsgericht.de/SharedDocs/Entscheidungen/DE/2009/11/rs20091104_1bvr215008.html).

[18] §130 StGB: »(1) Wer in einer Weise, die geeignet ist, den öffentlichen Frieden zu stören, 1. gegen eine nationale, rassische, religiöse oder durch ihre ethnische Herkunft bestimmte Gruppe, gegen Teile der Bevölkerung oder gegen einen Einzelnen wegen dessen Zugehörigkeit zu einer vorbezeichneten Gruppe oder zu einem Teil der Bevölkerung zum Hass aufstachelt, zu Gewalt- oder Willkürmaßnahmen auffordert oder 2. die Menschenwürde anderer dadurch angreift, dass er eine vorbezeichnete Gruppe, Teile der Bevölkerung oder einen Einzelnen wegen dessen Zugehörigkeit zu einer vorbezeichneten Gruppe oder zu einem Teil der Bevölkerung beschimpft, böswillig verächtlich macht oder verleumdet, wird mit Freiheitsstrafe von drei Monaten bis zu fünf Jahren bestraft.«

[19] www.bmj.de/SharedDocs/Artikel/DE/2022/1028_Paragraph130_FAQ.html. Etwas Ähnliches ist schon längere Zeit in Arbeit. Jüngst ist ein Entwurf für ein »Demokratieförderungsgesetz« verabschiedet wor-

nen oder gröbliches Verharmlosen von Völkermord, Verbrechen gegen die Menschlichkeit« etc. eben nicht nur an den »Sonderfall« des Nationalsozialismus geknüpft, nicht allein die Holocaustleugner betrifft, sondern offenbar – wie jetzt festgestellt wird – von genereller Relevanz ist. Beispielfälle werden nicht genannt. Man kann aber dem Umstand, dass die Ampel mit der Neufassung über die von der EU schon 2008 eingeforderten Ergänzungen[20] erstens gerade *jetzt* reagiert und zweitens über die eingeforderten Ergänzungen dahingehend *hinausgeht*, dass künftig auch Äußerungen auf *Demonstrationen* und *Kundgebungen* als Straftaten gewertet werden können, schon so Einiges entnehmen.[21] Das konkretisierte sofort der ehemalige ukrainische Bot-

---

den, dass sich gegen Rechts- und Linksextremismus, gegen Coronaleugner, Putinversteher etc., kurz gegen alles richtet, was auch nur einen Fußbreit vom korrekten Denken in der Demokratie entfernt ist: »Wir wehren uns angesichts der heutigen Bedrohungen mit aller Härte gegen Verfassungsfeinde. Und: Wir stärken unsere Demokratie von innen heraus. Unsere demokratische Zivilgesellschaft ist das stärkste Bollwerk gegen Extremismus. Deshalb ist unser zentrales Anliegen, mit dem Demokratiefördergesetz unsere demokratische Zivilgesellschaft langfristig und nachhaltig zu stärken. Bürgerinnen und Bürger, die gerade in Zeiten der Pandemie begonnen haben, an der Demokratie zu zweifeln, wollen wir wieder für die Demokratie gewinnen.« (Nancy Faeser) Auf die entsprechenden gesetzlichen Maßnahmen darf man gespannt sein. (www.bmi.bund.de/SharedDocs/pressemitteilungen/DE/2022/12/demokratiefoerdergesetz.html)

20 »Die Ergänzung ist dazu bestimmt, das Vertragsverletzungsverfahren gegen Deutschland wegen nach Ansicht der Kommission unzureichender Umsetzung des Rahmenbeschlusses 2008/913/JI des Rates (November 2008) zu beenden.« (s.o.)

21 Noch ein Postskriptum zu dem »Nacht und Nebel«-Verdacht der FAZ: Verschleiert wird hier nichts. Den Bundestagsprotokollen ist die ganze Debatte zu entnehmen und alle Zeitungen von der FAZ bis zur jungen Welt haben – wie die Zitate belegen – ausführlich berichtet. Das Omnibusverfahren erklärt sich eher daraus, dass der Justizminister es wohl für eine leidige Pflichtübung gehalten hat, der EU-Forderung nachzukommen, allerdings bei der Gelegenheit dann schon noch ein eigenes Interesse untergebracht haben wollte.

schafter, Andrij Melnyk. Er begrüßte diese Ergänzung, weil mit ihr *»die Leugnung von Kriegsverbrechen in der Ukraine geahndet werden könne«*.[22] Verwundern kann das nicht. Ebenso wenig, dass von der LINKEN Canan Bayram, die der Neufassung im Prinzip zugestimmt hat, festgestellt wurde: *»Es sind durchaus Konstellationen denkbar, in denen dies auf die im Rahmen des russischen Angriffskriegs begangenen Taten anwendbar ist. Jetzt könnte zum Beispiel die Billigung eines der im Rahmen des russischen Angriffskriegs gegen die Gruppe der Ukrainer begangenen Kriegsverbrechens durch Parolen oder Schilder auf einer Versammlung strafbar sein.«*[23]

Wenn die »junge Welt« argwöhnt, dass hiermit ein *»Maulkorbgesetz«*[24] abgenickt worden sei, und wenn an anderer Stelle vom Übergang zum *»Gesinnungsstrafrecht«* die Rede ist,[25] dann scheint das *zum einen* mit dem zu kollidieren, was immer die noch zu Putin und zum Krieg in der Ukraine durchgesetzte »Gesinnung« ist. Die braucht nämlich nach Auffassung der für Gesinnungskontrolle zuständigen Politiker keinen Maulkorb, sondern allenfalls ein Megafon, um den Schulterschluss zwischen den Kriegspolitikern und dem deutschen Volk noch enger zu gestalten. Und für die *Denunziation* immer noch nicht ausgerotteter Kritik an Waffenexport, an fehlendem Verhandlungswillen, an

---

[22] FAZ, 27.10.2022.

[23] Das darf man jedoch nicht als Kritik der Neufassung verstehen. Die LINKE ist da ganz staatsmännische Opposition: »Als Linke sprechen wir uns grundsätzlich dafür aus, die Billigung, Leugnung oder Verharmlosung von Völkermorden und Kriegsverbrechen unter Strafe zu stellen. Allerdings muss auch hier die Schwelle zu einem nach den Ultima-ratio-Prinzip tatsächlich strafwürdigen Verhalten überschritten werden. Das wäre für uns der Fall, wenn die Handlung entweder eine Drohung, Beschimpfung oder Beleidigung beinhaltet oder aber zu Hass und Gewalt gegen die in § 130 genannten Personen aufstachelt.« (www.lto.de/recht/hintergruende/h/volksverhetzung-voelkermord-kriegsverbechen-groeblich-verharmlosen-billigen-leugnen-130-stgb-holocaust/)

[24] junge Welt, 26.11.22

[25] FAZ, 27.10.2022.

Warnung vor atomarer Eskalation, an Nachvollzug der Gründe für Putins Angriff etc. und für die *Verurteilung* der verbliebenen Pazifisten als Vaterlandsverräter sorgen hinreichend die gleichgeschalteten öffentlichen Medien. Eine aktuelle Anwendung des §130 StGB erledigt sich darüber ziemlich.

Allerdings ist nicht von der Hand zu weisen, dass die um die geistige Geschlossenheit des Volkes besorgten Politiker für Zeiten, die noch ›härter‹ werden können, in denen gar eine Umstellung auf Kriegswirtschaft ansteht, mit der die gewohnten Freiheitsrechte auch schon mal kassiert werden können, gern ein gewaltbewehrtes Rechtsinstrument – neben den Notstandgesetzen des GG – zur Verfügung hätten, mit dem sie geistigen Abweichlern mit Strafandrohungen nach dem Motto »Wehret den Anfängen!« Räson beibringen können. Sie wollen sich nicht darauf verlassen, dass *»ein intaktes Willensverhältnis zwischen Herrschaft und Volk dadurch erschüttert wird, dass für die Vorbereitung und die Durchführung von Waffengängen pure Opfer – ohne den geringsten Schein von Lohn – anstehen.«*[26]

… Ein Gesinnungsstrafrecht aus aktuellem Anlaß?

Zum anderen liegt den Kritiken am § 130 auch ein Missverständnis des hohen Werts der Meinungsfreiheit zugrunde. Es sei an dieser Stelle nur darauf verwiesen, dass diese Freiheit – wie übrigens alle Freiheiten im demokratischen Freiheitsstall – etwas ist, das man wahrnehmen *darf*. Das Lob der Meinungsfreiheit, das nie ohne Vergleich mit geächteten politischen Systemen auskommt, lautet bekanntlich: ›Hier bei uns *dürfen* wir frei unsere Meinung sagen!‹ Wie das? Man darf, was man doch ohnehin treibt, nämlich sich eine Meinung über dies oder jenes zuzulegen? In der Tat: Die Meinungsfreiheit stellt eine *staatliche Erlaubnis* dar, sich äußern zu dürfen. Sie wahrzunehmen bedeutet, sich einer *Konzession* der Herrschaft zu unterwerfen, deren Rahmen mit Bedingungen abgesteckt ist, mit denen *jeweils* auch die *Grenzen* dieser Freiheit mal enger und mal weiter markiert werden. Die bedeut-

[26] GegenStandpunkt, Heft 1/06, Das Volk, S. 88

samste und ganz generelle Grenze besteht darin, dass jeder Protest und jede Kritik von vornherein um das gebracht wird, was sie eigentlich umtreibt. Niemand hat das schöner formuliert als der baden-württembergische Ministerpräsident Kretschmann anlässlich der Proteste der »Letzten Generation!«: *»Protest darf nicht eine Änderung der Sache als Ziel haben, sondern nur den Appell dazu.«*[27] Der geht dann an wen wohl? Die Freiheit des Meinens besteht folglich darin, dass das Anliegen, die kritisierte Politik zu ändern, genau an die Instanz zurückgegeben wird, die man als Verursacher kritikabler Zustände gerade angegriffen hat, nämlich an die staatliche Herrschaft. Inwieweit auch dem *Inhalt* des Protestes Grenzen gezogen werden, das ist Sache der Sachwalter von ›Innerer Sicherheit‹ nebst ihren juristischen Helfern. Und jetzt hat er sich die Freiheit herausgenommen, diese Grenze *prophylaktisch* ein wenig enger zu ziehen.

Man sollte über dem Umstand, dass hierzulande erstens seit Jahrzehnten eine Meinungsfreiheit gepflegt wird, die sich in Kritik und Protest ziemlich exakt an diese Begrenzung *hält*, und die zweitens ein Meinungsspektrum umfasst, indem *Systemkritik* ohnehin *keinen akzeptierten Platz* hat, nicht übersehen, dass ›härtere Zeiten‹ einem Staatsvolk Zumutungen abverlangen – wie gesagt: *»ohne den geringsten Schein von Lohn«* –, die der Sache nach Grund genug für ›grenzüberschreitende‹ Meinungsäußerungen wären. Genau daran denken diejenigen, die große Teile des Volkes schon jetzt für das Aushalten der Auswirkungen besonders des gegen Russland geführten Wirtschaftskrieges in die Pflicht nehmen. Die Direktorin des WSI – des Wirtschafts- und Sozialwissenschaftlichen Instituts –, Bettina Kohlrausch, formulierte das jüngst in der Form staatstreuer Bedenken folgendermaßen: *»Armut und soziale Polarisierung können unsere Gesellschaft in ihren Grundfesten ins Wanken bringen!«*[28] Das ist zwar ein falsches Urteil, weil eine die Grundfesten der Gesellschaft erschüt-

[27] Auf bw24.de, 9.11.22.

[28] Aus: Verteilungsbericht des WSI 2022. Das WSI ist übrigens eine Gewerkschaftseinrichtung.

ternde Kritik nicht die *Funktion* von Armut ist, sondern aus den – richtigen und leider allzu häufig auch falschen – *Urteilen über sie* resultiert; was aber nichts an den Schlüssen ändert, die Politiker daraus ziehen. Da es für sie nicht darum gehen kann, solche Armut zu lindern, konzentrieren sie sich darauf, das »*Willensverhältnis zwischen Herrschaft und Volk*« im Blick zu behalten. Wie das geht, führen die Ampel-Politiker anlässlich des Ukrainekrieges schon mal vor, wenn sie ihrem Wählervolk eindringlich die Konsequenzen ihrer braven nationalistischen Parteilichkeit für die deutsche Kriegsbeteiligung vorbuchstabieren: Wer dafür ist, das Böse zu bekämpfen und Putin den Gashahn zuzudrehen, der muss dafür auch schon mal gestiegene Kosten für Heizung, Sprit und sonstige Lebensmittel hinnehmen. Mindestens!

IV. Friedensordnung

1. Kriegsträchtiger Frieden

Die geleistete Kritik der Friedensmoral macht es notwendig zu ermitteln, was es mit der Friedensordnung im Kapitalismus tatsächlich auf sich hat, die da gegen das Böse verteidigt wird. Denn dass Kriege in allen Weltgegenden nur dem Erhalt von *gewaltfreien Verhältnissen* zwischen Staaten dienen, dass der Westen mit Kriegsbeteiligung *selbstlos* der Ukraine *hilft*, dass es dabei immer nur ums *Verteidigen* geht, wenn eine Kriegsbeteiligung beim ›guten Freund‹ in der Ukraine ein verwüstetes Land hinterlässt, dass der Welt mit Operationen, die -zig Tausende an Toten fordern, wieder eine *heile Welt mit freier und gerechter Friedensordnung* geschenkt werden soll, all das gehört zum Lügenarsenal der aktuellen Kriegspropaganda des Westens, an die nur geglaubt wird, wenn man sich zu solchem Glauben entschlossen hat.[1]

Am Anfang sollen ein paar simple, zwar von pazifistischen Friedensanhängern gelegentlich benannte, aber von ihnen nie zu Ende gedachte Sachverhalte benannt werden.[2] Es gehört wirklich nicht viel zu dem Schluss, dass Kriege zwischen Staaten *im*

---

[1] Dass russische Kriegspropaganda einerseits dem in nichts nachsteht, muss kaum gesondert betont werden. Und wenn es hier darum gehen würde, russische Staatsbürger gegen die russische Kriegspolitik aufzubringen, wäre Ähnliches zu vermelden. Andererseits lässt sich den Reden Putins viel Zutreffendes über drei Jahrzehnte USA-, NATO- und EU-Politik entnehmen; was nur dafür spricht, dass man auch mit unbestreitbaren Fakten den imperialistischen Ansprüchen den Schein der Berechtigung verleihen kann.

[2] Sie sind schon in anderen Kapiteln benannt worden, gehören aber zugleich auch hierher; wie es sich – nebenbei gesagt – ohnehin nicht vermeiden lässt, dass identische Argumente in mehreren Kapiteln jeweils dort auftauchen, wo sie gebraucht werden; zumal die einzelnen Kapitel auch für sich gelesen werden können.

Frieden vorbereitet werden – wann denn wohl sonst? –, dass also alle Kriegs*gründe in dem Verkehr* begründet sind, den *Staaten* in *Friedenszeiten* untereinander pflegen. Die dafür notwendige *Aufrüstung* findet – nicht wegen der Rüstungsindustrie, sondern – immer als dauerhaftes Programm des *Wettrüstens der Staaten* um die wirksamsten Vernichtungs- und damit Abschreckungsmittel statt. Über den jeweiligen Stand wird z.B. berichtet, wenn mal wieder darüber geklagt wird, dass die deutsche Bundeswehr nicht verteidigungsfähig sei. Gegen wen und womit? Arbeitsplätze, an denen Lohnabhängige ihr Einkommen damit verdienen, jenes Militärarsenal herzustellen, mit dem im Ernstfall zum größten Teil in Uniform gesteckte ausländische Angehörige ihrer Klasse massakriert werden, sind auch im Frieden sichere Arbeitsplätze. Dass in Friedenszeiten *Manöver* stattfinden, erfährt man, wenn Straßen gesperrt werden und Umweltschützer gegen die Ruinierung der Ökologie auf Truppenübungsplätzen protestieren. Solche Übungen dienen nicht der Beschäftigung der Soldaten in Friedenszeiten, sondern dazu, *Kriegsbereitschaft* zu erproben und in abschreckender Absicht der restlichen Staatenwelt – natürlich nur in Grenzen – vorzuführen, welches tolle Gerät zum Einsatz kommen würde, wenn sich jemand erdreisten wollte, sie anzugreifen. Auch wird die freie Berufswahl bei jungen Leuten immer mal wieder dadurch eingeschränkt, dass sie zum Soldaten- und evtl. sogar zum Kriegsdienst abkommandiert werden. Die jüngst wieder angezettelten öffentlichen Debatten über Einführung oder Abschaffung von *Wehrpflicht* offenbaren dabei, wie selbstverständlich Politik über den Nachwuchs auch als »Verteidigungsreserve« verfügt. Weniger bekannt ist es, dass in privaten und öffentlichen Wissenschaftseinrichtungen Heerscharen von *Naturwissenschaftlern* ihren Verstand dafür einsetzen, Kriegsgerät effektiver zu machen oder neue Waffengenerationen zu erfinden. Aber irgendwo müssen die Fortschritte in der Kriegstechnologie ja herkommen! Dass es auf die Erfolge im Wettrüsten schwer ankommt, das zeigt die großzügige *Finanzierung* von Universitäten, Frauenhofer- und anderen Instituten, die gelegentlich Gegenstand des Protestes von Friedensfreunden ist.

Wie überhaupt die nationale Sicherung von Verteidigungsfähigkeit am Bereitstellen von Geld durch den *Staatshaushalt* nicht scheitert. Die Streitereien über den Verteidigungshaushalt, die auch im Frieden nie über seine Abschaffung, sondern immer nur über Notwendigkeiten und Grenzen seiner *Aufstockung* laufen – siehe die inzwischen überholte Debatte über die NATO-Forderung, 2% des BIP in die Verteidigung zu stecken –, werden ausschließlich als Debatten über *nationale Sicherheit* geführt, wenngleich sie von Friedensfreunden ausschließlich in dem Bereich von Fehlinvestitionen verortet werden. Ein kurzer Blick in die Geschichte von Staaten zeigt schließlich, dass auch das, was als Territorium unter ihrer Herrschaft existiert, welche Menschen jeweils zum Staatsvolk gerechnet werden und welche nicht, welches ökonomische und welches politische System zu herrschen hat usw., in aller Regel das *Produkt von Kriegen* ist.[3] Sieger dekretieren es, Kriegsverlierer haben das und häufig noch Reparationen zu schlucken und machen es zur eigenen Sache, weil sie nur so eine Chance haben, als Souveräne in der Welt der Sieger wieder respektiert zu werden.

Damit steht fest: An gesellschaftlichen *Grundlagen*, die es erlauben würden, die Verhältnisse innerhalb und zwischen Ländern *gewaltlos* zu regeln – wie dies die elementare Auslegung von ›Frieden‹ intendiert – fehlt es hierzulande ganz grundsätzlich. Wenn jedermann vielmehr ohne größere geistige Anstrengung auch in seinem Staatswesen registrieren kann, dass es sich im Frieden für Kriege rüstet, also auf Kriege vorbereitet sein will, es folglich bei sich Gründe weiß, warum es einmal notwendig werden kann, den Herrschaftsbereich – natürlich nur – zu ver-

---

[3] Man möge mir nicht erneut mit der »Wiedervereinigung« als Gegenbeispiel kommen. Dass in diesem Sonderfall ein Kriegsergebnis, die Annektierung eines Staates durch einen anderen, ohne Krieg erzielt worden ist, erklärt sich allein daraus, dass die Sowjetunion es im Zuge ihrer Selbstauflösung und ihrer beginnenden Integration in den kapitalistischen Weltmarkt wegen möglicher kriegerischer Konsequenzen nicht für opportun gehalten hat, der Westeuphorie von Teilen der verhetzten DDR-Bevölkerung mit ihren Panzern zu begegnen.

teidigen, dann stellt sich folgende Frage: Worin ist diese *Kriegsträchtigkeit des Friedens begründet?* Dass sie aus dem *Verkehr* resultiert, den *Staaten* in Verfolgung ihrer Interessen *untereinander* etablieren, dürfte dabei kein allzu großes Geheimnis sein.

Es gilt also diesen Verkehr zwischen den Staaten einer genaueren Betrachtung zu unterziehen, um zu ermitteln, was die *realexistierende* Friedensordnung dauerhaft, also *systemisch kriegsträchtig* macht.[4]

2. Ökonomische Konkurrenz zwischen Staaten – das Herzstück der Friedensordnung – und was über sie vermeldet wird

Staaten verkehren untereinander diplomatisch, politisch und ökonomisch. Ihre Macht versuchen sie mit den Reichtümern ihres eigenen Territoriums und über den Handel auf dem Weltmarkt mit anderen Staaten auszubauen. Dass die territorialen Grenzen zugleich ihre Reichtumsmehrung einschränken, nehmen sie nicht hin. Sie – bzw. ihre Großkapitale – exportieren, importieren und investieren außerhalb und machen zugleich das eigene Land für fremde Investitionen attraktiv. Sie machen dafür Gelder locker oder leihen sie sich von internationalen Großbanken. Was so eingerichtet ist, diese *Konkurrenz* auf dem Weltmarkt, gilt als und *ist* das *ökonomische Herzstück* der Friedensordnung, deren Sicherung dem freien Westen offensichtlich Kriege wert ist.

Über Konkurrenz wissen Schulbücher, Lexika und wissenschaftliche Traktate zu berichten, dass sie das Geschäft belebe, dass es ohne sie keine technologische Entwicklung gäbe, die Menschheit ohne sie irgendwie noch im Mittelalter verharren

---

[4] Es soll, um Missverständnisse zu vermeiden, darauf hingewiesen werden, dass im Folgenden nicht der laufende Ukrainekrieg erklärt, also nicht die aktuellen Gründe für Krieg und Kriegsbeteiligung, die Russland, die Ukraine und der Westen haben, genauer ermittelt werden sollen, sondern allein der genannten Frage nachgegangen wird: Was macht die Friedensordnung so kriegsträchtig. Es wird sich dabei kaum vermeiden lassen, dass dabei allgemein auch etwas über die Kriegsgründe des aktuellen Krieges ermittelt wird.

würde, statt den heutigen Wohlstand zu genießen. Dieses Konkurrenzsystem gilt somit als Weg, der für den *Fortschritt* der Menschheit unabdingbar, also *alternativlos* ist. In allen theoretischen Verlautbarungen lässt sich immer wieder Ähnliches nachlesen: Es führen *»... ein Handelsverkehr, der frei von Behinderungen ist, und ein freier Wettbewerb zur optimalen Arbeitsteilung zwischen den Volkswirtschaften. Dadurch kommt es zu einer optimalen Produktion und dem größtmöglichen Wohlstand für alle beteiligten Länder.«*[5] Es gilt also der *»Freihandel als Grundsatz des Liberalismus«*. Protektionismus ist folglich von Übel: *»... der Freihandel ist sein Gegensatz.«*[6] Nur dann *»erreichen alle Länder den größten Wohlstand, wenn keine staatlichen Beschränkungen für den internationalen Handel existieren.«* Um dies sicherzustellen, *»und dafür zu sorgen, dass sich die beteiligten Staaten daran halten, werden sogenannte Freihandelsabkommen geschlossen.«*[7]

Diese Bestimmungen werfen mehr Fragen auf, als dass sie zufriedenstellende Antworten liefern: Wenn Staaten ein Interesse daran haben, dem Handelsverkehr untereinander Beschränkungen aufzuerlegen, dann bleibt im Unklaren, wieso *dieselben* Staaten dann Abkommen schließen, die das *verhindern* sollen, die sogenannten Freihandelsabkommen. Auch will nicht recht einleuchten, dass die Staaten, die sich zum Abschluss solcher Abkommen verstehen, zugleich *gemahnt* werden müssen, sich daran auch zu *halten*. Da fragt sich zudem, von *wem* eigentlich, wo doch Mahner und Gemahnte gleichermaßen zu diesen am Welthandel interessierten Staaten gehören; und wo sie doch angeblich das Interesse *eint*, Handelsbeschränkungen zu *verhindern*. Über die Segnungen des freien Welthandels – *»optimale Arbeitsteilung«* und *»größtmöglicher Wohlstand für alle* (!) *beteiligten Länder«* –

---

[5] www.studysmarter.de/schule/wirtschaft/volkswirtschaftslehre/freihandel-vs-protektionismus/.

[6] de.wikipedia.org/wiki/Protektionismus.

[7] www.studysmarter.de/schule/wirtschaft/volkswirtschaftslehre/freihandel-vs-protektionismus/.

wird auch nur Widersprüchliches vermeldet. Wenn es etwa heißt, dass es den Konkurrenten darauf ankommt, *»auf einem gemeinsam zugänglichen Markt mit Vorrang vor den Mitbewerbern zu Geschäftsabschlüssen mit Kunden zu gelangen«*,[8] dann wird es in diesem Welthandel wohl nicht nur Sieger mit *»optimaler Produktion und größtmöglichem Wohlstand für alle«* geben können. Auch die Sache mit der *»optimalen Arbeitsteilung«*, die als Resultat des Freihandels gepriesen wird, bricht sich an dem ebenfalls benannten Umstand, dass Konkurrenten auf Kosten anderer ihren *»Vorrang«* behaupten, also Profit einfahren wollen. Dann wird sich die beteiligte Staatenwelt auch nicht auf funktionelle Arbeitsteilung untereinander *verständigen*, sondern versuchen, sich gegeneinander die besten *»Geschäftsabschlüsse«* zu sichern. Und die werden alle gleichermaßen in *Geld* gemessen, egal mit welchen Produkten da der Handel abgewickelt wird. Was wieder zum Urteil über den *»Wohlstand«* zurückführt. Der wird dann – wie man ja auch weiß – an den monetär bezifferten Wachstumsraten der Länder gemessen, und nicht am Inhalt der Geldbeutel der für den Landeswohlstand eingespannten Bevölkerungen.

Also auf ein Neues:

3. Konkurrenz: Ein auf Gewalt gründendes System ...

Was sich seit geraumer Zeit als dieses weltumspannende Konkurrenzsystem entwickelt hat, ist die *kapitalistische Weltwirtschaftsordnung*. Und was als ein ökonomisches System gilt, das *konkurrenzlos* ist, sich als die effektivste Form des Wirtschaftens überhaupt herausgestellt haben soll, mit dem im Prinzip eine optimale Versorgung der Menschheit gewährleistet werden kann, ist bei sachlicher Betrachtung jedoch alles andere als *alternativlos*. Es lassen sich nämlich Formen des »Wirtschaftens« – gerade auch des zwischenstaatlichen – aufzählen, die durch den Einsatz von Arbeit bei der Nutzung von Naturressourcen – und das ist das grundlegende Prinzip des Wirtschaftens – ganz *ohne* dieses Konkurrenzsystem sachlichen Reichtum erzeugen. So haben

---

[8] de.wikipedia.org/wiki/wettbewerb.

sich Staaten über Einsatz ihrer Militärgewalt *Kolonien* gefügig gemacht und alles abtransportiert, was sie an Reichtum in ihren Vaterländern selber nutzen oder weiter verscherbeln konnten. Die gewaltsame *Eroberung* fremder Staatsgebiete oder ganzer Staaten und ihre Subsumtion unter das Wirtschaftssystem des Eroberers hat ebenfalls mit dem Konkurrenzsystem so gar nichts zu tun.[9] Auch politische Versuche, sich mittels *Autarkie* entweder fremdem Zugriff oder der Abhängigkeit von wenig wohlgesonnenen Staaten zu entziehen, sind zu erwähnen; wenngleich sie zumeist wegen der begrenzten territorialen Verfügung über Wirtschaftsgüter, die als staatsnotwendig galten, eingestellt wurden. Aber auch dort, wo die Größe und Beschaffenheit des Territoriums – siehe etwa China oder Russland – solchen Bestrebungen entgegengekommen wären, kollidierten Autarkiebestrebungen u.a. mit national fehlenden Gütern oder Rohstoffen. Ganz anders steht es mit Wirtschaftsweisen, zu denen sich Staaten mit *planwirtschaftlich* organisierter Ökonomie *arbeitsteilig* zusammengeschlossen haben. Ihnen ging es darum, sich über *Produkten*austausch – und nicht über *Waren*handel – je nach den Besonderheiten ihres Territoriums oder ihrer Industrie wechselseitig mit wichtigen Gütern zu versorgen und darüber auch die Angleichung unterschiedlicher wirtschaftlicher Voraussetzungen zu erreichen. Das System des RGW – des Rats für gegenseitige Wirtschaftshilfe (Comecon)[10] mit allen Sowjetrepubliken und den GUS-Staaten,

---

[9] Dazu gehört z.B. der Eroberungskrieg von Hitler-Deutschland. Aber auch, um ein aktuelles und naheliegendes Beispiel – noch einmal – zu nennen, die Annektierung der DDR. Die ist nämlich nicht das Resultat eines freien Systemwettbewerbs gewesen. Dass eine »Wiedervereinigung« von vornherein entweder zu den Bedingungen des kapitalistischen Westens Deutschlands stattfinden würde oder gar nicht, war bereits in der Präambel des Grundgesetzes festgeschrieben. Die Autoren des Grundgesetzes haben nämlich bei der Abfassung des bundesdeutschen Heiligtums »auch für jene Deutschen gehandelt, denen mitzuwirken versagt war.« (Alte Präambel des Grundgesetzes)

[10] Näheres dazu bei Wikipedia: wikipedia.org/wiki/Rat_f%C3 %BC r_gegenseitige_Wirtschaftshilfe

also der Gemeinschaft unabhängiger (Sowjet-)Staaten – ist dabei ganz *bewusst* zunächst als *praktische Überwindung* des Kapitalismus eingeführt,[11] später gar als *Alternative* zur Konkurrenzordnung des Westens ausgerichtet und gerade deswegen von diesen in einem Kalten Krieg mit heftigster Feindschaft überzogen worden, die letztlich 1990ff. zum bekannten Erfolg für das kapitalistische Konkurrenzsystem geführt hat.

Der kurze Durchgang durch historische Alternativen zur Konkurrenzordnung lässt keinerlei Zweifel daran zu, dass der »freie Westen« und seine Führungsmächte, allen voran die USA, auf dem Globus keine andere Art des Wirtschaftens *zulassen* wollten und auch weiterhin nicht wollen als die kapitalistische, die sie inzwischen *global etabliert* haben. Alle Varianten sind abgeschafft, haben aufgegeben oder sind – von wenigen Ausnahmen abgesehen – erfolgreich verdrängt worden. Dabei sind Alternativen weder aussortiert worden, weil sie »gegen Menschenrechte« verstoßen oder sich Reichtum mit Gewalt angeeignet hätten, noch weil sie in Sachen Reichtumsförderung vergleichsweise schlecht abgeschnitten oder das Ziel einer erträglichen Volksversorgung verfehlt hätten – letzteres war ohnehin kein Maßstab, den die westlichen Herrschaften ernstlich in Betracht gezogen hätten. Volkswohl gehörte nicht zu den Kriterien, an denen andere Arten des Wirtschaftens gemessen wurden. Um es noch einmal hinsichtlich der einzig ›realen‹ Alternative, dem Sowjetsystem, klarzustellen: Dass sich die beiden großen Kriegsgewinner nach dem Zweiten Weltkrieg keineswegs über die Nachkriegsordnung einig waren, sich die USA vielmehr sofort daran machten, ihre Ordnungsvorstellungen und damit den Weltmarkt auf dem Globus rücksichtslos zu etablieren, macht deutlich, dass nicht der *Kommunismus* des Ostblocks, sondern der Beschluss

[11] Dass diese Feststellung mit einer Parteinahme für den »realen Sozialismus« nichts zu tun hat, möge man der Schrift von K. Held (Hrsg.), Das Lebenswerk des Michael Gorbatschow. Von der Reform des ›realen Sozialismus‹ zur Zerstörung der Sowjetunion, München 1992, entnehmen, deren Urteilen ich mich anschließe.

ihrer Führer, sich dem kapitalistischen Weltmarkt *nicht zu unterwerfen,* ihnen die sofort praktizierte Feindschaft der USA eingebracht hat.[12] Da mögen theoretische Freunde der Marktwirtschaft noch so sehr den »menschenfeindlichen Kollektivismus« der Planwirtschaft angeprangert und das notwendige Scheitern von »kommunistischen Diktaturen« beschworen haben, der Grund der westlichen Feindschaft gegen die Sowjetunion war all das nicht. Dass sie *nicht kapitalistisch* wirtschaftete, das reichte zur Feindschaftserklärung.

Inzwischen herrscht in der Staatenwelt hinsichtlich der nationalen Ökonomie das *Gebot,* sich zwecks Förderung derselben an der *Konkurrenz auf dem Weltmarkt* zu beteiligen. Für deren *Durchsetzung* und für die *Einhaltung* dieser Ordnung ist von ihren erfolgreichsten Nutznießern gesorgt worden. Wobei es keiner gesonderten Beweisführung für die Feststellung bedarf, dass die *USA*, die Siegermacht nach dem Zweiten Weltkrieg, dabei sehr exklusiv die *Oberaufsicht* führen und zur Unterbindung von Abweichungen nicht nur ökonomische Mittel eingesetzt haben und auch weiterhin einsetzen.[13] Staaten jedoch, die vor dem Zweiten Weltkrieg schon kapitalistisch aufgestellt waren – und das

[12] Ebenso sollte man sich von dem Märchen verabschieden, die USA hätte zum Zweiten Weltkrieg eine Art Antifaschismus getrieben. An Hitler störte die USA nicht etwa dessen Antisemitismus oder diktatorische Innenpolitik, sondern dass sich da ein Staat in Europa aufmachte, mit seinen Eroberungsplänen den USA ihren Platz unter den führenden Weltmächten streitig zu machen. Faschismus mit ausgeprägten antisemitischen Programmen war in den USA durchaus geduldet und – wie man weiß – machte es den USA nach dem Zweiten Weltkrieg nichts aus, faschistische Regime und andere Diktaturen zu sponsern und ihnen auch militärisch unter die Arme zu greifen, wenn es ihren Interessen entsprach.

[13] Kuba und Nordkorea sind, um zwei Sonderfälle zu nennen, mit Bündeln von Sanktionen und militärischen Drohungen von ihm ausgeschlossen, weil sie sich den politischen Konditionen der Konkurrenzfriedensordnung nicht anschließen wollten: Es ging diesen Staaten darum, am Weltmarkt zu partizipieren, ohne ihm die nationale Ökonomie damit zugleich zu unterwerfen.

waren nicht wenige –, mussten nicht groß genötigt werden, sich weiterhin am Weltmarkt zu orientieren. Weder mussten sie das Privateigentum an Produktionsmitteln noch den verpflichtenden Geldverkehr durchsetzen und auch nicht erst dafür sorgen, dass im Staatsvolk jene große Masse an eigentumslosen Menschen existiert, die an Lebensmittel nur herankommen, wenn sie die Eigentümerklasse reicher machen. Das war bei ihnen schon erfolgreich durchgesetzt.

Darüber, wie der *Kriegsverlierer* Deutschland an zukünftigen Eroberungsambitionen gehindert werden sollte, stritten sich in den USA die Vertreter des Morgenthauplans, die im postfaschistischen Deutschland die Industrie, besonders die Schwerindustrie demontieren und statt dessen ein reines Agrarland etablieren wollten, mit den Vertretern eines Marshallplans,[14] die in der weiteren *Integration* in den kapitalistischen Weltmarkt den besten Weg sahen, Deutschland in Zukunft auch politisch unter Kontrolle zu halten: *»Es ging darum, sie* (die europäischen Länder) *zusammenzuschweißen und an die USA zu binden – als ökonomisches Fundament für einen westlichen Block gegen die Sowjetunion.«*[15] Es wurde der kapitalistischen Wirtschaftsweise zugetraut – und wie man weiß zu Recht –, mit ihrer ökonomischen Entwicklung zugleich jene *politische* Willfährigkeit gegenüber der Siegermacht zu garantieren, die diese für die Nachkriegsweltordnung nicht nur von den Kriegs*verlierern* erwartete. Und US-Außenminister Marshall wurde 1953 für seine Friedensleistung passenderweise der Friedensnobelpreis verliehen. In Westdeutschland bedurfte es dazu zugleich einer politischen Führung, die im Inneren alle entgegengesetzten politischen Bestrebungen abräumte bzw. unter Kontrolle hielt.[16] Mit Kredit-

[14] Vgl. dazu jüngst J. Kronauer, Kalter Krieg. Blockbildung, in: junge Welt 1.4.23.

[15] J. Kronauer, a.a.O.

[16] Das KPD-Verbot von 1956 gehörte ebenso dazu, wie die Etablierung, besser: Fortsetzung der schon von der NSDAP erfolgreich durchgesetzten antikommunistischen Staatsideologie, die sich bis heute gehalten hat und z.Zt. im Krieg gegen Putins Russland erneut gute Dienste

Unterstützung durch die Dollarmacht der USA, die nach dem Krieg mit ihrer Währung über das einzige weltweit anerkannte und nachgefragte Geld verfügte, und lange Zeit unter ihrer politischen Kontrolle wurde das Nachkriegsdeutschland industriell aufgerüstet und – geographisch günstig gelegen – zugleich als Bollwerk gegen die Sowjetunion aufgebaut; gegen eine Sowjetunion, die zu einem im Kalten Krieg bekämpften System wurde, weil sie sich, ihre Republiken und die RGW-Staaten einfach nicht gänzlich dem Weltmarkt und damit dem Zugang durch kapitalistische Staaten öffnen wollte.[17]

Auch Kolonien wurden nach und nach für die Konkurrenz auf dem Weltmarkt »befreit«. Entgegen der öffentlichen Sichtweise war dies nicht nur dem Umstand geschuldet, dass eine mit Gewalt operierende Okkupation fremder Reichtümer weltweit in Misskredit geraten war, sondern weil zum einen Kolonialherren kritische Rechnungen hinsichtlich des Kosten-Nutzen-Verhältnisses dieser Sorte Exploitation anstellten – dem monetären Aufwand für Gewalt und den Apparat, mit dem Kolonien unter Kontrolle gehalten werden mussten, standen geringer bewertete ›Leistungen‹ der Kolonien gegenüber –, zum anderen aber weil Weltmarktführer auf dem Standpunkt standen, dass die besetzten Gebiete mit ihren Ressourcen nicht *nur einzelnen, be-*

---

leistet. Dass es eine Zeit lang in der »deutschen Bevölkerung starke Sympathien für die Verstaatlichung zumindest der Schlüsselindustrien« gab und selbst die CDU noch 1947 in ihrem Ahlener Programm erklärte, dass das kapitalistische Wirtschaftssystem überwunden werden müsse, stellte für Siegermächte kein großes Problem dar (nach: J. Kronauer, a.a.O.). Die Adenauer- und die nachfolgende Regierung sorgte schnell für passende Verhältnisse. Sie hätten sich dafür selbst auf ihr Ahlener Programm beziehen können, das passenderweise unter dem Motto stand: »CDU überwindet Kapitalismus *und* Marxismus«. (wikipedia.org/wiki/Ahlener_Programm)

[17] Bei ihrer rudimentären und zunächst nur auf Notwendigkeiten reduzierte Beteiligung am Weltmarkt war es den Führern der Sowjetunion wichtig, nicht in ökonomische, also sachliche und finanzielle Abhängigkeit von den kapitalistischen Metropolen zu geraten.

stimmten Staaten zur *ausschließlichen Ausplünderung*, sondern *allen* Weltmarktteilnehmern zugänglich sein sollten. Dafür durften sich Kolonien dann ›souveräne Staaten‹ nennen, und dafür wurden ihnen eigene politische Führungen zugestanden, die ihre Souveränität in den Dienst der Weltmarktmächte stellen sollten.

4. …, dass dem Gewaltverbot unterliegt

Mit dem globalen Siegeszug des Kapitalismus unter polit-ökonomischer Kontrolle durch die unbestrittene Nr. 1 auf der Welt *ist* und *hat sich* die einbezogene Staatenwelt darauf *verpflichtet*, den nationalen Reichtum allein durch den Einsatz *ökonomischer Konkurrenzmittel* zu mehren, und dabei auf den *Einsatz* von *militärischer Gewalt untereinander* zu *verzichten*. Für einen solchen Siegeszug hat es allerdings so Einiges an Gewalt gebraucht: Zur weltweiten Etablierung des Konkurrenzgebots hat es immerhin eines heißen Zweiten Weltkriegs und eines Kalten Kriegs bedurft. Aber mit diesen beiden Kriegen ist – wie man gerade wieder erleben muss – weder der Kampf gegen abtrünnige Staaten beendet, noch haben kapitalistische Staaten *danach* auf ihre Aufrüstung verzichtet, und zwar weder nach Beendigung des Zweiten Weltkrieges noch nach Beendigung des Kalten Krieges. Dass nach 1990 die ab 1949 gegen den Ostblock eingerichtete NATO eigentlich überflüssig geworden wäre, gehört zu den Märchen, die man sich in Kreisen erzählte, die mit dem Ende der Sowjetunion die Zeit des »ewigen Friedens« auf der Welt herannahen sahen. Dass diese Friedensordnung, also die Konkurrenz auf dem Weltmarkt mit ihrem unter US-Aufsicht etablierten Ordnungssystem, ganz prinzipiell Gewalt als integralen Bestandteil hat, war nicht Teil ihres Wahrnehmungshorizonts:

Konkurrenz auf dem Weltmarkt hat dem Gebot des *ökonomischen Vergleichs* zu folgen, dem sich alle Weltmarktteilnehmer zu stellen haben. *Gewaltsame* Eroberungen von fremden Territorien oder jede sonstige Annektierung von Ressourcen unter Umgehung der Zustimmung des jeweiligen Souveräns waren und sind als Weg, das nationale Wachstum voranzubringen, *geächtet*. Kein Souverän darf durch den Einsatz von militärischer Gewalt – für den es offensichtlich ständig Gründe gibt – von diesem ökonomischen Vergleich ausgeschlossen werden. Die Indizierung des Einsatzes von militärischer Gewalt als Mittel der Reichtumsaneignung bestand und besteht dabei nicht allein in einem *moralischen* Verdikt, mit dem entsprechende Vergehen von Staaten im diplomatischen Verkehr untereinander belegt werden, sondern hat immer zugleich die *Gewalt* der *Aufsichtsmacht* hinter sich. Sie allein nimmt sich das Recht heraus, auch schon mal ihre Gewalt einzusetzen, wenn *sie* Verstöße von Staaten gegen die allein zugelassene Konkurrenzordnung ausmacht: Erlaubt ist zwar – wie gleich noch ausgeführt wird – die *Politisierung* der Konkurrenz für *ökonomische,* nicht aber für *machtpolitische,* mit militärischen Mitteln durchgesetzte Anliegen. Nicht zuletzt dieser Berechtigung zum Einsatz von Gewaltmitteln gegen unliebsame Staaten,[18] die sich die USA immer noch ziemlich *monopolistisch* herausnehmen, verdanken die USA ihre ökonomisch führende Stellung und der Weltkapitalismus das Prädikat *Friedensordnung.* Frieden herrscht, wenn nur *einer* sich zum Einsatz von Gewalt berechtigt sieht und sie hier und da einsetzt, um Staaten in seine Ordnung einzugliedern oder Abtrünnige zu bestrafen; wobei diese Unterordnung unter die Friedensordnung von dem Anspruch der USA getragen ist, dass sich Staaten mit ihrer Integration in das System kapitalistischer Konkurrenz *loyal* zu den von den Vereinigten Staaten vorgegebenen Weltordungsvorstellungen stellen: »Partner« der USA haben ihre »Partner« zu sein und mit den Feinden der Weltmacht haben auch sie den Verkehr einzustellen. Die *ökonomische Integration* ist für die USA immer zugleich mit der Erwartung von *politischer Integration* in ihre Weltordnung verknüpft.

Wenn das Gewaltverbot *wirkt*, d.h. der Verkehr der Staaten ›nur‹ durch zu vernachlässigende Bürgerkriege, außerordentliche militärische Strafaktionen der USA oder Kleinkriege in Weltgegenden, die geringere Beachtung durch die Ordnungsmacht ver-

[18] Wer sich warum bei den USA »unbeliebt« gemacht hat, wird weiter unten erklärt.

dienen, gestört wird, also kein Großkrieg die Welt erschüttert, dann gelten alle weltweit angerichteten Gemetzel und Scharmützel nur als Marginalitäten: Dann herrscht eben *Frieden*.

Die Vereinigten Staaten von Amerika haben sich darüber als *erster Nutznießer* der globalen Konkurrenz etabliert – ausgestattet mit produktivem und dem größten Kapital, dem wuchtigsten Finanzkapital und einer nationalen Währung, die längst als *Weltgeld* fungiert. Der Dollar, nach dem Zweiten Weltkrieg als die zentrale Kreditwährung eingeführt und befestigt, ist die *nationale* Währung, in der nicht nur die meisten *internationalen* Geschäfte abgewickelt werden, sondern es ist das Geld, das sich konkurrierende Staaten mit einer »weicheren Währung« deswegen für die Gesamtheit ihrer Weltmarktgeschäfte als Zahlungsmittel zuzulegen haben; was bedeutet, dass sie mit möglichst allen Geschäften Dollars verdienen müssen. Das von der FED, dem Zentralbanksystem der USA, emittierte nationale Geld der USA erfreut sich darüber einer *internationalen Nachfrage*, die dem Dollar so gut bekommt, dass seine Werthaltigkeit inzwischen nicht mehr des Beweises dafür bedarf, dass seine Anlage in der nationalen Ökonomie Kapitalwachstum generiert. Für die USA hat dies zugleich zum Resultat, dass ihre Verschuldungsfähigkeit ins Unermessliche steigt; was es dem Finanzmarkt, der den US-Geldbedarf mit Kusshand bedient, erlaubt, der Geschäftswelt Dollarschulden als sichere Kapitalanlage zu verkaufen. Die USA haben auf der *Grundlage dieser ihrer Macht* mit dem Dollar als Weltgeld das *ökonomische Herrschaftsverhältnis* durchgesetzt, mit dem sie konkurrenzlos der Konkurrenz die Regeln auf dem Weltmarkt vorgeben. Sie haben auf diese Weise den Globus so geordnet, dass in der Staatenwelt als Zweck des Wirtschaftens allein *Kapitalvermehrung* erlaubt ist. Die zu Konkurrenten um den Reichtum der Welt erklärten Staaten haben sich dieser Wirtschaftsweise unterzuordnen; was zugleich bedeutet, dass sie mit allen Anstrengungen, *ihr* nationales Wachstum voranzubringen, zugleich den (Dollar-)Reichtum der USA befördern.

5. Friedliches Konkurrieren von Staatsgewalten zur Festigung von Staatsmacht

Nationaler Reichtum hängt damit primär an dem, was nationale Volkswirtschaften über die Konkurrenz auf dem *Weltmarkt* verdienen. Der stellt längst keinen *zusätzlichen* Markt zu einem inneren Markt dar. Diese Trennung gibt es nicht mehr. Alles, was irgendwo auf einem *nationalen Markt* verkauft und gekauft wird, hat sich im Prinzip in der Konkurrenz mit allen Anbietern oder Aufkäufern *weltweit* zu vergleichen. Folglich statten Staaten ihre nationalen Volkswirtschaften dementsprechend aus: Das nationale Kapital muss fremden Importen ebenso gewachsen sein, wie Investitionen aus dem Ausland; es muss erfolgreichen Export von Waren ins Ausland gewährleisten und für Export von Kapital gerüstet sein. Das setzt zum einen eine Klasse von willigen und billigen Lohnarbeitern voraus, macht zum anderen die Möglichkeit des Zugriffs auf Geldkapital der Finanzwelt notwendig, mit dem der Standort durch Investitionen mindestens auf das Produktivitätsniveau der Konkurrenz angehoben werden soll.

Staaten fördern die Weltmarkterfolge ihrer Kapitale dabei *nicht* deswegen, weil ihnen *selbstlos* an den Gewinnen *ihrer Multis* so viel liegt. Deren Geschäftserfolge sind zugleich die Grundlage für ihren *Staatsreichtum,* der in Form von Steuereinnahmen in den Staatshaushalt fließt und zugleich die ökonomische Fundierung der Staatsverschuldung und die Absicherung des Werts ihrer nationalen Währung darstellt. Und so ein Staatsreichtum wiederum ist nichts anderes als das Mittel zur *Ausstattung des Souveräns* mit allem, was er zum Ausbau eines konkurrenzfähigen Standorts, zur Sicherung seines *Gewaltmonopols* nach innen und zur Verteidigung seiner Souveränität nach außen braucht. Das ist der zentrale Gehalt der Konkurrenz auf dem Weltmarkt: *Mit verdientem Reichtum wird Staatsmacht geschaffen, gesichert und ausgebaut. Und an der Wucht der Staatsmacht hängt wiederum, was sich ein Staat national und auf der Welt politisch und ökonomisch herausnehmen kann.*

Infolgedessen sind Konkurrenzerfolge der nationalen Industrien auf dem Weltmarkt auf dem Weg über ihre Besteuerung nicht nur eine hübsche Zusatzeinnahme des Staates, sondern die entscheidende *Grundlage der ökonomischen und damit der machtpolitischen Existenz kapitalistischer Staaten.* Die Konkurrenz von nationalen Kapitalen auf dem Weltmarkt ist deswegen von vornherein eine *ökonomische* Operation, deren *Erfolge* die Staaten mit dem Einsatz ihrer *politischen Macht* gegen Konkurrenten zu erringen und zu sichern versuchen. In der Konkurrenz auf dem Weltmarkt, in der sich *Kapitale* um Absatz streiten, stehen sich immer *Staatsgewalten* gegenüber, die ihren nationalen Reichtum nur *auf Kosten anderer nationaler Konkurrenten* vermehren können; in der Konkurrenz sind sie *Gegner;* ihre Interessen sind unvereinbar.

Mit ihrer Macht sind sie die eigentlichen *Subjekte* der Konkurrenz auf dem Weltmarkt: Die kapitalistische Weltmarktkonkurrenz ist folglich von vornherein alles andere als eine friedlichschiedliche Angelegenheit. Es hat schon seine Gründe, dass das *Konkurrenzgebot* um das us-amerikanisch verfügte, an die Adresse aller konkurrierenden Staaten gerichtete, dauerhaft gültig gemachte *Gewaltverbot* komplettiert ist. Und wenn von der Aufsichtsmacht – später zusätzlich von internationalen Einrichtungen wie der das Völkerrecht bewahrenden UNO[19] – der Einsatz militärischer Gewalt zwischen Staaten verboten ist, dann ist der Schluß nicht von der Hand zu weisen, dass diese Staaten in dem ökonomischen Verkehr mit anderen Staaten wohl immer Gründe haben, von ihr Gebrauch zu machen. Verboten wird Staaten

[19] Einer nach dem Zweiten Weltkrieg vornehmlich von den Siegerstaaten USA und Großbritannien eingerichtete Institution – später im Sicherheitsrat mit China und der SU angereichert –, deren Anliegen, den Frieden zu sichern, von den USA immer dann akzeptiert wird, wenn es ihrem Weltordnungsanspruch entspricht: »Das Völkerrecht gilt deshalb auch nicht, sondern wird beachtet oder auch nicht – und es entfaltet als moralisches Geschütz seine matte Bedeutung.« (Resultate der Arbeitskonferenz, Imperialismus I, München, S. 8) So holt sich denn auch kein Staat beim Sicherheitsrat erst die Genehmigung ab, bevor er zu schießen beginnt.

nur, was in der Konkurrenz angelegt ist und sie deswegen auch permanent umtreibt.

6. Abwicklung der gewaltfreien Konkurrenz durch Staatsgewalten

– erfordert die wechselseitige Anerkennung als Souveräne

Entsprechend geht es beim Konkurrieren auf dem Weltmarkt zu. Wenn Staaten sich bemühen, sich mit den Mitteln der Konkurrenz Teile des Reichtums des Konkurrenten für eigenes ökonomisches Wachstum anzueignen, findet *kein* Warentausch oder Kapitalexport statt, *ohne* dass sich die konkurrierenden Staaten als *Verhandlungspartner* wechselseitig die Bedingungen fürs grenzüberschreitende Geschäft ihrer Kapitale zu diktieren versuchen; sonst handelt es sich, wie man weiß, um Schmuggel, der gleich von einer gesonderten Grenzpolizei grenznah verfolgt wird. Für die Geschäfte auf dem Weltmarkt agieren die *Staaten als Agenten ihrer Geschäftemacher.* Folglich besteht die *Grundlage* dieses Verkehrs der Staaten untereinander notwendig in ihrer wechselseitigen *Anerkennung* als gewaltbewehrte Herrscher über Land und Leute in den Grenzen ihres Territoriums. Für alles, was ihre Kapitale per Abschluss mit der Geschäftswelt der auswärtigen Konkurrenz an Reichtümern abknöpfen, ist die *willentliche Zustimmung* der Souveräne Voraussetzung. Indem sie sich wechselseitig als Souveräne respektieren, anerkennen sie damit zugleich, dass die Gewalt des Konkurrenten die *Schranke* für die eigene Bereicherung darstellt; was bereits einiges über die Modi der vertraglichen Einigung über grenzüberschreitende Geschäfte aussagt.

Der Respekt, den sie einander *notwendigerweise* zollen müssen, wenn sie über Geschäftsbedingungen verhandeln, schließt immer auch zugleich den Respekt vor *fremdem Eigentum* ein, wenn es in Waren- oder Kapitalgestalt auf einem auswärtigen Markt zugelassen wird. Das Eigentum des importierten Warenkapitals wird dann von einer fremden Staatsgewalt *geschützt*, die es nur aus einem Grunde auf ihrem Territorium zulässt: Auch sie will aus den Geschäften mit ihm *ihren Nutzen* ziehen.

Dass die wechselseitige Anerkennung ihres Staatswillens an der Unverträglichkeit ihrer Interessen nichts wegnimmt, versteht sich von selbst. So bestimmt denn auch dieser Widerspruch die Verlaufsformen der Konkurrenz, gestaltet sie mehr oder weniger unfriedlich – bis hin zu den Kriegen, die regelmäßig dieser Friedensordnung entspringen.

– verläuft über Kompromisse zwischen unverträglichen ökonomischen Interessen

Staaten kommen zur Einigung über ihren Waren- und Kapitalverkehr denn auch nur, wenn *beide* Seiten in Verträgen ihre jeweils *unverträglichen* Interessen berücksichtigt, also in ihrem *Gegensatz* so etwas wie ein *gemeinsames Interesse* bedient sehen: So ein Vertrag soll ja zu *beiderseitigem* Nutzen abgeschlossen werden. Immerhin wollen *alle* Staaten *aneinander* verdienen. Ohne die Bedienung dieses – recht widersprüchlichen – gemeinsamen Anliegens von ökonomischen Gegnern wird kein Vertrag abgeschlossen.

Wie der jedoch jeweils inhaltlich ausfällt, das hängt allein von der *politischen Potenz* ab, die Staaten dabei in die Waagschale werfen. Die wird je nach ihrer Wucht eingesetzt, was *Erpressung* oder *Nötigung* einschließt. So wird in Verhandlungen etwa mit dem Wissen gewuchert, dass der Fremdstaat existenziell auf bestimmte Reichtümer angewiesen ist, die er bei sich selbst nicht vorfindet oder produzieren kann. Daraus ergeben sich Kompromisse, die mehr über eingegangene *Abhängigkeiten* als über Verabredungen zwecks *»optimaler Arbeitsteilung zwischen den Volkswirtschaften«* verraten – wie dies die bürgerliche Nationalökonomie behauptet.[20]

Immer geht es – um beim Warenexport zu bleiben – z.B. darum, *ob* der Staat *alle Waren* überhaupt dem Preisvergleich auf dem Weltmarkt aussetzen will. Es ist nämlich gar nicht ausgemacht, dass mit allen heimisch produzierten Waren auswärts Ge-

---

[20] www.studysmarter.de/schule/wirtschaft/volkswirtschaftslehre/freihandel-vs-protektionismus/

schäfte gemacht werden *sollen.* Dass *sicherheitsrelevante* Güter nicht in die Hand von potenziellen Feinden oder regionalen »Unruhestiftern« geraten sollen, die sie natürlich besonders dringlich benötigen, liegt auf der Hand – wenngleich es überhaupt nicht ausgemacht ist, *wer* denn in Zukunft Feind und wer »Freund« ist; und wo obendrein solche Exportbeschränkungen der heimischen Rüstungsindustrie so gar nicht passen. Da geht es um das *Quantum* an zum Verkauf freigegebenen Waren. Es wird schon mal von Importeuren kontingentiert, wenn sie ein schädliches Wirken der auswärtigen Konkurrenz in ihrer nationalen Ökonomie in Grenzen halten wollen – wohl wissend, dass billiger Einkauf auswärtiger Waren auch Kostensenkungen bei einheimischen Kapitalen bewirken. Absprachen über *Qualität* der Güter, die als Importware den technischen, ökologischen und sonstigen nationalen Bedingungen entsprechen müssen, gehören dazu und auch die Festlegung des *Zeitraums*, für den der Vertrag gültig sein soll. Die *Währung*, in der der Tausch vollzogen werden soll, ist von herausragender Bedeutung, da Geschäftserfolg zugleich vom Stand des Wechselkurses abhängt. Er bestimmt den Preis immer mit. Der *Preis* ist dabei jene ökonomische Größe, an der sich der *Erfolg* des Warentauschs bemisst. Offen gelassen wird er in Verhandlungen nur dann, wenn sich Staaten genau darauf *einigen* können. Selbstverständlich ist es eben nicht, dass beide Staaten der Auffassung sind, im Stand der *nationalen Produktivität* ihrer weltmarktbewährten Kapitale das entscheidende Mittel zu besitzen, mit dem sie über einen so geschaffenen Preisvorteil ihren Konkurrenzerfolg auf dem Weltmarkt sichern können. Was unter *»freiem Handel«* abgehandelt wird, als Inbegriff der Konkurrenz gilt und ihm allgemein zum Lob gereichen soll, ist nichts anderes als *ein* Resultat von Verhandlungen zwischen Staaten, die auf diese Freiheit nur dann Wert legen, wenn sie der Auffassung sind, sich mittels der überlegenen eigenen Standortproduktivität gegen den Konkurrenten durchsetzen zu können.

Es bleibt das Fazit: Alle Verhandlungen über die Bedingungen des Warenverkehrs sind *Kampfplätze*, auf denen Souveräne um die Durchsetzung entgegengesetzter Interessen ringen, an denen ihre ökonomische Existenz hängt. Der *sachliche* Gehalt vom Freihandel besteht denn auch allein darin, dass alle Waren, *wenn* sie denn in bestimmter Quantität, bestimmter Qualität und in bestimmter Währung auf dem Weltmarkt per Staatsvertrag *zugelassen* werden, sich dort in Konkurrenz mit *allen* Anbietern *allen* Nachfragern *frei* zum Kauf anbieten müssen.[21] Dabei muss immer damit gerechnet werden, dass sich Exporteure in der Zwangslage sehen, dem Ansinnen der einführenden Staaten folgen zu müssen, wenn sie das Geschäft nicht an einen *Dritten* verlieren wollen. So gehört denn auch das ungemütliche *Ausspielen* der Konkurrenten *gegeneinander* zu dieser Sorte Geschäft.

– benötigt den gewaltbereiten Staat

Natürlich taugen Drohungen und Nötigungen im ökonomischen Staatenverkehr, mit denen Verhandlungspartnern auf die Sprünge geholfen werden soll oder mit denen die Einhaltung von abgeschlossenen Verträgen durchgesetzt wird, nur so viel, wie hinter dem staatlichen Verhandlungspartner eine *Gewalt* steht, die als Mittel *außerökonomischer Durchsetzung* ihrer Interessen *taugt*. Und es *wirkt* so eine Drohung auch nur dann, wenn sie mehr ist als der berühmte Papiertiger. Die Androhung von Gewalt muss also *glaubwürdig* sein, ohne dass sie zum Einsatz kommt, wenn Kompromissbereitschaft an Grenzen stößt oder Erpressungen nicht hingenommen werden. Ohne Dokumentation eines ernsthaften *Willens* der Souveräne, diese Gewalt auch einzusetzen,

---

[21] Übrigens können Staaten der Geschäftswelt auch den Kauf bestimmter Produkte bestimmter Hersteller ganz untersagen, obwohl die ein gutes Geschäft versprechen. Staaten schauen eben nicht nur aufs Geschäft, sondern auch darauf, ob der Verkäufer nicht vielleicht »unseriöse Absichten« mit dem »guten Geschäft« verbindet. Der Fall des chinesischen Marktführers für Produkte der Telekommunikation, Huawei, dem so etwas zugetraut wird, steht dafür. Und Wirtschaftsminister Habeck muss sich z.Zt. schwere Kritik des Kapitals gefallen lassen, weil er an einer Verfügung arbeitet, mit der der freie Kapitalexport – vor allem nach China – einer staatlichen Kontrolle unterzogen werden soll.

ist das nicht zu haben – worin so eine Dokumentation auch immer bestehen mag.[22]

Eingeholt ist damit die eingangs getroffene Feststellung über die Kriegsfähigkeit und Kriegsbereitschaft konkurrierender Staaten *im Frieden.* Staaten schaffen sich – zunächst – für die Untermauerung dieser Sorte Konkurrenzgebarens ein *Militär* an, geben ständig größere Teile des nationalen Reichtums für Rüstung aus, stecken Teile des Volkes in Uniformen und geben damit zu verstehen, dass es ihnen mit ihren Ansprüchen ernst ist, wenn sie Vertragspartner zu mehr oder weniger ärgerlichen Abstrichen von ihren ökonomischen Interessen *nötigen.*

– schließt immer Protektionismus ein

Deswegen wird in solchen Verträgen auch häufig zugleich notiert, was die Folge von *Vertragsbrüchen* sein kann. Das ist gar nicht bemerkenswert. Denn weil in der Konkurrenz – wie begründet – nationalökonomische Interessen aufeinanderstoßen, sind alle Vertragsinhalte immer nur so viel wert, wie sie bei den Vertragspartnern das nationale Wachstum befördern. Stellt sich der erwartete Nutzen gar nicht oder nicht wie erwartet ein, richtet die Konkurrenz gar ökonomische *Schäden* an, dann rücken Staaten von den Verträgen ab, deuten sie neu oder kündigen sie auf, wobei natürlich jeder ›Vertragsbruch‹ immer der Gegenseite angelastet wird. Staaten können in solchen Fällen dabei nicht, wie das bei inländischen Konflikten der Fall ist, von einer übergeordneten Richtergewalt abgemahnt oder bestraft werden. Eine solche mit der Gewalt eines Rechtsmonopols ausgestattete Behörde gibt es auf dem Weltmarkt nicht.[23] Es kommt dann regel-

---

[22] Dafür taugen Aufrüstungsbeschlüsse, Manöver, grenznah gerückte Truppen, der eine oder andere »Kleinkrieg« usw.

[23] Die WTO – World Trade Organisation – als Berufungsinstanz, die Regeln setzt und für ihre Einhaltung zuständig ist, offenbart sich in der Regel als »zahnloser Tiger«, wenn geschädigte Kleinstaaten ein »Recht« einklagen. Umgekehrt ist ihr nicht vorzuwerfen, dass sie es unterlässt, den Metropolen neue Geschäftsgelegenheiten auf dem Weltmarkt zu eröffnen – so etwa in Gestalt der »Meistbegünstigungsklausel«. Die stellt

mäßig der *Protektionismus* in allen seinen Varianten als *Komplettierung* des geregelten Welthandels von Staaten, denen die vertraglichen Abmachungen nicht mehr genügen, zum Einsatz; und dessen Modalitäten – von der WTO gerade nicht untersagt, sondern sorgsam geregelt – sind denn auch nicht selten bereits in den Verträgen über den Handel verankert.

Staaten nehmen es sich dann heraus, fremde Waren bei der Einfuhr zu verteuern, d.h. sie nur mit Zollzuschlag über die Grenze zu lassen. Die in der Regel nur *vorübergehend* erlassene Verteuerung soll sicherstellen, dass das einheimische Kapital, in der Zwischenzeit konkurrenzfähig ausgebaut, mit den verteuert eingeführten Waren irgendwann mithalten kann. Denn weder passt es dem importierenden Staat, wenn auswärtiges Kapital nur nationale Kaufkraft abschöpft, die doch Teil des *nationalen* Geschäftsgangs ist, und erst recht stemmt er sich dagegen, wenn per billigem Import das einheimische Kapital *ruiniert* wird. Sie verhängen zusätzlich schon mal *Warenkontingentierungen*, verwehren Waren ganz den Zugang zum Markt oder erlassen *Handelssanktionen* bzw. *Embargos* für bestimmte Waren als Strafmaßnahmen, mit denen Staaten erpresst werden sollen, die auf diese Waren besonders angewiesen sind. In anderen Nationalökonomien wird mit staatlicher *Subventionierung* der Betriebe der Standort aufgemöbelt, was diesen regelmäßig den merkwürdigen Vorwurf der

---

eine Vereinbarung im internationalen Handel dar, wonach ein Staat einem anderen alle außenhandelspolitischen Vorteile (z.B. Zollermäßigungen) einräumt, die er bereits einem dritten Staat zugestanden hat. Dass dieses Prinzip – wie dies die Bundeszentrale für politische Bildung verkündet – die Benachteiligung einzelner Länder im Welthandel verhindern würde, ist ein Gerücht. (www.bpb.de/kurz-knapp/zahlen-und-fakten/globalisierung/52543/entwicklung-des-grenzueberschreitenden-warenhandels/) Umgekehrt wird ein Schuh draus: Staaten, die in bilateralen Verträgen mit bestimmten Staaten z.B. den freien Warenhandel beschlossen haben, dürfen dieser Klausel zufolge ihre Ökonomie gegenüber überlegenen Weltmarktteilnehmern nicht mit protektionistischen Maßnahmen schützen. Wer also von dieser Klausel profitiert, liegt auf der Hand.

»*Wettbewerbsverzerrung*« einträgt; was immer dann der Fall ist, wenn Teile des Profits durch Staatszuschläge ersetzt werden, die Politik bei der Beschaffung von Krediten »behilflich« ist und mit Angriffen auf jene Kosten des Kapitals hilfreich zur Stelle ist, die sich am einfachsten senken lassen, den Lohnkosten. Das gibt den Staaten, die dazu in der Lage sind, im Umgang mit unliebsamen Handelsverträgen ein erhebliches Maß an Freiheit, gemäß ihres ökonomischen Erpressungspotenzials wirksam zu werden.[24] *Handelskriege* stehen ebenfalls auf der Agenda der Konkurrenz. Mit denen kann schon mal der Übergang zu einer anderen Verlaufsform von Konkurrenz eingeleitet werden: Da werden dann *diplomatische Beziehungen* eingefroren oder gar abgebrochen, was schon der erste Schritt zum *Einsatz* von Gewaltmitteln sein kann. In aller Regel geht es beteiligten Staaten dabei jedoch allein darum, ihre *nationalökonomischen* Interessen in der Konkurrenz wieder mit konkurrenzadäquaten Mitteln durchzusetzen.

Dieser Zurechtweisung, es werde durch Staatseingriffe der Wettbewerb verzerrt, ist nur Folgendes zu entnehmen: Sie erweist sich als interessiertes Urteil, das nur *geschädigten* Staaten einfällt und auch nur dann, wenn sie über weniger Mittel zur Subventionierung der Standortökonomie verfügen als die Schädiger. Was sachlich als »*Wettbewerbsverzerrung*« angeprangert wird, ist folglich nichts anderes als jene Abteilung staatlicher Wirtschaftspolitik, mit der ohnehin *jeder* kapitalistische Standort je nach den

---

[24] Natürlich geraten sie dabei mit der WTO aneinander, die immerhin als Aufsichtsorgan über das Regelwerk der Konkurrenz auf dem Weltmarkt etabliert ist, sich aber bei ihren abmahnenden oder sonstigen Eingriffen immer der Tatsache bewusst ist, dass ihre Exekutivorgane sich aus jenen Konkurrenten zusammensetzen, über die sie richten sollen; aus Konkurrenten, deren Gewicht sich selbstverständlich jeweils aus ihrer polit-ökonomischen Wucht ergibt. Es darf deswegen also nicht wundern, dass »Konflikte« der genannten Art je nach dem Kaliber des Vertragsbrüchigen behandelt werden und allzu häufig nur dazu führen, dass am Regelwerk Änderungen vorgenommen werden, die das strittige Vertragswerk neu bewerten – selten zu Ungunsten der angeklagten Weltmarktführer.

zur Verfügung stehenden Mitteln wettbewerbstauglich gemacht wird. Standortpolitik ist denn auch das Kernstück *nationaler* Wirtschaftspolitik. Die Klage über »Verzerrungen« stellt sich allein dann ein, wenn es Hoheiten gelingt, mit ihren Mitteln den Standort gegenüber der Konkurrenz so *überlegen* auszustatten; häufig so überlegen, dass die Konkurrenz bereits *entschieden* ist, bevor sich Konkurrenten auf dem Markt treffen.

– gibt es nur als beständige Serie von Vereinbarungen und deren Bruch

Wohlgemerkt: *All das ist der Alltag der Konkurrenz auf dem kapitalistischen Weltmarkt.* Diese Konkurrenz sortiert sich nicht nach »freiem Handel« und seinem »Missbrauch« durch protektionistische Machenschaften, sie *zerfällt* nicht einerseits in ein vertragsgemäßes Handeln, das *wahre* Konkurrenz auszeichnet, und in den *Fehlgebrauch* von ökonomischen Mitteln andererseits – wie dies die Handbücher behaupten. Der Keim aller Zerwürfnisse steckt bereits in ihrem *Konstruktionsprinzip*: Staaten tragen ökonomische Gegensätze aus, deren Resultate – wie gezeigt – grundlegende Bedeutung für den Staats*reichtum* und deshalb für die Geltung ihrer Staats*macht* haben. Und in den zwischenstaatlichen Verträgen über Import, Export von Waren und Kapital sind diese Gegensätze nicht aufgehoben, sondern als nie zufriedenstellende Kompromisse oder erpresserisch als Abhängigkeiten fixiert. Anders formuliert: Alle Staaten, die über auswärtigen Handel ihr nationales Wachstum voranbringen wollen, stoßen dabei auf andere Staaten, die dasselbe wollen; an deren Anliegen und Potenzen erfahren diese Staaten ihre Schranken. Dabei folgen sie zumeist der Regel des Gewaltverbot, was – wie gesagt – dem Hauen und Stechen auf dem Weltmarkt das Prädikat ›Friedensordnung‹ eingetragen hat: *»Der Weltmarkt bewährt sich als Mittel der Bereicherung des nationalen Kapitals nur in dem Maße, wie es die anderen Nationen, die auf ihren Nutzen aus sind, zulassen. So verläuft die Konkurrenz als beständige Serie von Vereinbarungen und deren Bruch bzw. Korrektur. Ob die Aufkündigung der laufenden Beziehungen in der Form des Unwillens* *(währungspolitische und protektionistische Hemmnisse) oder in der des Unvermögens (Schwinden von Angebot bzw. Zahlungsfähigkeit) erfolgt, ergibt sich aus den ökonomischen Grundlagen der geschädigten Nation, welche auch über den Fortgang des Abhängigkeitsverhältnisses entscheidet.*«[25]

So geht die *Weltfriedensordnung* zwischen konkurrierenden kapitalistischen Staaten: Sie besteht aus – mehr oder weniger – hoch gerüsteten Mächten, die in der Verfolgung ihrer vereinbarten Interessen immer als wohl ausgestattete *Kontrolleure* und *Garantiemächte* ihrer auswärtigen Anliegen agieren – und zwar, das darf nie vergessen werden, *aller Staaten gegeneinander.* Ihr Gewaltpotenzial und das dazu gehörige Personal dürfen sie einsetzen, aber nur um Erpressungsmanövern *ökonomischer Natur* mit entsprechender Drohkulisse Nachdruck zu verschaffen.

7. Das Resultat der Weltmarktkonkurrenz

Der globale Siegeszug des Kapitalismus ...

Es akkumulieren Staaten in der Konkurrenz jeweils genug Gründe, anderen Konkurrenten die *Unvereinbarkeit* ihrer Interessen auch praktisch vorzurechnen. Und an Gewalt fehlt es – wie gezeigt – in der Konkurrenz ebensowenig. Den beschädigten Interessen jedoch mit Hilfe des *Einsatzes* des *Militärs* Geltung zu verschaffen, stößt sich am von den USA verfügten Gewaltverbot. Ohne Lizenzierung durch die Supermacht einen Krieg zu beginnen, ist mehr als heikel. Sie kann dann glatt zur Intervention durch die USA führen, wenn der Fall von den Vereinigten Staaten als Störung ihres Weltordnungsanspruchs gewertet wird. So herrscht denn ein *Frieden*, in dem die weltweiten Geschäfte per im Raum stehender Drohungen abgewickelt werden. Dieser Frieden ist kein *Gegensatz zum Krieg*, sondern ist der Krieg in seiner *Möglichkeitsform.*

Zur Erklärung der *realen militärischen* Auseinandersetzungen, der *Kriege* also, in denen Teile jenes Reichtums nebst seiner Quellen *zerstört* werden, um dessen *Aneignung* es Staaten in

[25] Resultate der Arbeitskonferenz, Imperialismus I, S. 23, a.a.O., München o.J.

der imperialistischen Konkurrenz allein geht,[26] hilft es, die *Resultate* der Weltmarktkonkurrenz, wie sie sich bis heute unter den eingerichteten Verhältnissen des Imperialismus herausgebildet haben, näher zu betrachten. Die Staatenwelt hat sich *über diese Konkurrenz* vor allem nach der Eingliederung der Russischen Föderation in den Weltmarkt und dem Aufstieg Chinas zu einer nicht nur ökonomischen Macht *neu sortiert*: Da gibt es einige wenige *kapitalistische Metropolen* – die G 7[27] –, die über das größte und produktivste Kapital verfügen und sich den kaum beschränkten Zugang zum internationalen Finanzkapital erschlossen haben, einige *»Schwellenländer«* und solche, die es werden wollen – darunter die BRICS-Staaten[28] –, die im Bemühen, sich als kapitalistische Anlagesphäre attraktiv und darüber zu einem Player auf dem Weltmarkt zu machen, erste Erfolge errungen haben, und schließlich in weitaus größter Zahl die *armen Länder.*

Diese *Hierarchisierung* der gesamten realexistierenden Staatenwelt enthält einiges an *Widersprüchen,* die Resultat des Agierens auf dem Weltmarkt sind. An ihnen lässt sich aufzeigen, dass die von den USA ausgeübte Oberaufsicht gerade *nicht* bedeutet, dass sich die gesamte auf Konkurrenz gegeneinander verpflichtete Staatenwelt politisch und ökonomisch allen Anliegen der Supermacht *unterwirft,* einfach so nach der US-Pfeife tanzt und sich gänzlich der Ablieferung ihrer Reichtümer an die USA und einige andere verbündete kapitalistische Metropolen hingibt.

---

[26] Wenn von *imperialistischer* Konkurrenz geredet wird, dann ist damit nichts anderes gemeint, als dass Staaten ihre gewaltbewehrte Souveränität auch außerhalb ihres Territoriums einsetzen, wobei – wie gezeigt – Konkurrenz das ›gebotene‹ Mittel ist, die Machtausdehnung durch Aneignung fremdstaatlicher Reichtümer zu vergrößern.

[27] »Die Gruppe wurde 1975 etabliert und 1998 durch die Aufnahme Russlands zur G8 erweitert. Am 24. März 2014 schlossen die anderen Mitglieder Russland aufgrund der Annexion der Krim aus und kehrten zum ursprünglichen Format der G7 zurück.« (wikipedia.org/wiki/G8)

[28] Brasilien, Russland, Indien, China und Südafrika. Im Verlaufe des Ukrainekriegs haben sich vermehrt Länder um Aufnahme in diesen Länderverband bemüht; darunter u.a. der Iran, Argentinien und Algerien.

... und seine Widersprüche für die Aufsichtsmacht:
Ganz prinzipiell ist zunächst festzuhalten, dass die Nutzung des Weltmarkts per Staatenkonkurrenz die politische, militärische und ökonomische Hegemonie der USA *unterstellt*, dass sich folglich all jene Staaten, an deren Geschäften sich die Vereinigten Staaten bedienen, auf diese *Konkurrenzordnung einlassen* und entsprechend aus *freien Stücken* und mit eigener Kalkulation vorgegebene *Verfahren* nutzen. Das ist eben die andere Seite des von den USA nach dem Zweiten Weltkrieg verfügten Friedensgebots für konkurrierende Staaten: Damit die von den Vereinigten Staaten mit viel Gewalt durchgesetzte Friedensordnung ihren Dienst am US-Reichtum erfüllt, ist es notwendig, dass sich die konkurrierende Geschäftswelt ihrerseits an den Reichtümern des globalen Kapitalismus *bedienen* kann *und* sich dem Weltmarkt zugleich als *Reichtumsquelle öffnet;* alles unter dem Schutz der führenden Macht. Das konstituiert zugleich eine *Abhängigkeit* der Führungsmacht von ihrem eigenen *Werk*. Denn es benötigt dieser Staat, der der Welt die Regeln ihres Konkurrierens *vorschreibt*, für die Sicherung seines überlegenen ökonomischen Status die tatkräftige *Zusicherung* vom Rest der Staatenwelt, sich aus eigenem Interesse in einem staatspolitischen *Willensakt dauerhaft* auf diese Ordnung *einzulassen*.

Dieser Staatswille zum Mitmachen unter den ordnungspolitischen Vorgaben der USA *schmarotzt* dabei einerseits daran, dass das Konkurrenzgebot durch die gut gerüstete Ordnungsmacht weltweit durchgesetzt wird, wird aber andererseits immer wieder auf eine *harte Probe* gestellt. Denn ökonomische *Erfolge* stellen sich zwar – wie gezeigt – bei einigen Staaten ein, jedoch nicht bei allen, bei vielen nicht im *gewünschten Maße;* und umgekehrt produziert die Konkurrenz regelmäßig *Verliererstaaten*. Das führt dazu, dass es Staaten gibt, die – einfach gesagt – nicht mehr mitmachen *können,* und andere, die nicht mehr mitmachen *wollen;* wenigstens nicht mehr unter dem Regelsystem der von den USA eingerichteten »unipolaren Weltordnung«. Dabei schicken sich einige von ihnen sogar an, den USA als *Rivalen* Konkurrenz zu machen. Das hat seine Konsequenzen:

– Staaten, die nicht (mehr) können

Das *Armenhaus der Weltordnung* wird konstituiert durch Staaten, die als chronische *Konkurrenzverlierer* den erfolgreichen Weltmarktsubjekten mit ihrer nationalen Ökonomie und deren Warenausstoß nicht oder nicht mehr rentable Angebote offerieren können und deswegen auch nicht über jene Finanzmittel verfügen, die nötig sind, um die nationale Produktion zu einem lohnenden Absatz- und Investitionsort auszubauen. Dieses Armenhaus der Welt ist nicht einfach historisch vorgefunden, sondern längst das *Werk* der Unterwerfung unter das weltweite Kapitalregime.

Jene Staaten, die vielfach noch euphemistisch als »Entwicklungsländer« eingestuft werden, waren als *postkoloniale Länder* von sich aus keine konkurrenzfähigen Glieder des Weltmarkts. Sie waren nicht in der Lage, sich von sich aus z.B. mit jenen »Schätzen«, die sich im Boden ihres Territoriums befanden, auf dem Weltmarkt zu bewähren.

Zu Bodenschätzen, die sich als Waren auf dem Weltmarkt der Konkurrenz stellen können, werden weltweit nachgefragte Metalle oder Energieträger wie Kohle, Öl oder Gas nämlich überhaupt erst dann, wenn Unternehmen aus den kapitalistischen Metropolen von den ärmeren Souveränen gegen Bezahlung vor allem von staatlichem Sicherheitsequipment – das auswärtige Eigentum muss ja geschützt werden – den Zuschlag erhalten, um sich mit der entsprechenden technologischen Ausstattung an die Prospektion, den Abbau und die Verwandlung von Bodenschätzen in weltweit gefragten Rohstoff zu machen. Um sich solcherart als Mittel der Weltmarktkonkurrenz zurichten zu lassen, verscherbeln diese postkolonialen Staaten nicht nur billig die Hoheit über ihr Territorium,[29] etablieren sich damit als *konzessionierte* Souveräne, zudem gehen sie auch mit ihrem Volk zielführend um. Teile werden vertrieben, wo sie den Abbau von Ressourcen behindern, und können dann sehen, wo sie bleiben; und andere

---

[29] Kredite an diese Staaten sind denn auch mehr oder weniger eindeutig an Vergabe von Schürflizenzen, Verpachtung riesiger Plantagen und Errichtung von Infrastruktur im Dienst auswärtigen Kapitals gebunden.

werden als unverhältnismäßig billige Arbeitskräfte rekrutiert, was dem Preis der Bodenschätze als Kapitalware gut bekommt. Zu einer nationalen Ökonomie nach kapitalistischem Muster bringen es die Wenigsten. Heraus kommen häufig genug »failed states«, ohne Gewaltmonopol im Inneren, ohne benutzbares Staatsvolk und ohne Mittel, den »Reichtum an Bodenschätzen« autonom als Reichtumsquelle ihres Staatswesens zu nutzen.

Die Staaten des freien Westens, die Metropolen, erfahren dann nicht nur, dass sich diese Staaten darüber immer schwerer als Reichtumsquelle benutzen lassen, überdies müssen sie registrieren, dass sie sich zu *Störungen* in der Region, wenn nicht sogar der Weltordnung entwickeln. Wo die Staatsgewalten dieser Armenhäuser selbst nicht mehr Herr über die Gegensätze in ihrem Volk sind, da sind Aufstände von Stämmen oder von Religionsgruppen an der Tagesordnung. Da bilden Gruppierungen aller Art bewaffnete ›Terrorbanden‹, deren Wirken nicht nur auf den Sturz der jeweiligen heimischen Herrschaft zielt, sondern von denen einige grenzübergreifende Staatsgründungsprojekte verfolgen. Die ›unbrauchbaren‹ Teile dieser Völker irren, wenn sie die Knete für Schleuser aufbringen können, als Flüchtlinge durch die Welt,[30] versuchen, sich »illegal« nach Europa oder Nordamerika durchzuschlagen, immer mit dem Risiko konfrontiert, unterwegs an Hunger oder im Mittelmeer zu krepieren. Und sofern sie überhaupt eines der ›gelobten Länder‹ erreichen, bringen sie die angesteuerten Metropolen, die mit diesen Hungerleidern in ihrer Ökonomie nichts anfangen können, in nicht geringe – nicht nur moralische bzw. nationalmoralische – Bedrängnis.

So bringt der globale Siegeszug des Kapitalismus zugleich seine eigene Beschränkung hervor: Mit dem satten Zugriff auf Reichtümer fremder Staaten *erschöpfen* die siegreichen Weltmarktsubjekte in einigen Weltgegenden nicht nur zusehends diese ihre *Quellen,* sondern erfahren die ausgeplünderten Weltgegenden als Ordnungsstörung, wenn nicht gar als Risiko ihrer hohen Sicher-

[30] Die jüngsten Flüchtlingszahlen des UNHCR belaufen sich auf ca. 108 Millionen (Stand: Ende 2022).

heitsansprüche. Es sehen sich die »feindlichen Brüder«, das sind die erfolgreichen Nationen, deshalb systematisch zu Gemeinschaftsaktionen genötigt, die nicht nach kapitalistischer Kosten-Nutzen-Rechnung beschlossen werden können. Sie vereinbaren z.B. die Vergabe von Krediten – vor allem über die nicht zuletzt dafür eingerichtete Weltbank –, von denen sie wissen, dass sie nicht als Geschäftsmittel, sondern allein als Erpressungsmittel ihren Dienst tun. Das erledigt dann nicht selten der IWF – der Internationale Währungsfonds –, der mit Verträgen die konzessionierten Staaten zur »richtigen« Umgangsweise mit den geliehenen Dollars nötigt. Hier und da erscheint es den Metropolen sogar notwendig, *ihr eigenes Militär einzusetzen*, um dort jene Ordnung zu schaffen, die der geneigte heimische Souverän nicht auf jene Weise erledigen kann, die die weitere Nutzung durch das auswärtige Kapital[31] verlangt. Das macht die Weltfriedensordnung nicht gemütlicher und für die Führungsnationen nur bedingt einträglicher. Natürlich beschließen diese »feindlichen Brüder« solche Gemeinschaftsaktionen nur dann, wenn sie von diesen *negativen* Auswirkungen ihres Imperialismus *massiv* betroffen sind. Ihre polit-ökonomischen Interessen bestreiten sie daneben weiter kräftig *gegeneinander*.

– Staaten, die nicht mehr – wie erwünscht – wollen

Unter den *entwickelteren Staaten*, die den Weltmarkt zur Mehrung ihres Reichtums nutzen können, fallen immer wieder einige aus jener Rolle, die sie in der Friedensordnung gemäß der Vorgaben des US-Imperialismus einnehmen sollen. Sie nutzen die ökonomischen Erfolge beim Verkauf ihrer Rohstoffe dazu, ihr Militär nicht nur auszubauen, sondern es z.B. zur Eliminierung von

[31] Es hat sich bei einigen Multis eingebürgert, in diesen Weltgegenden die allererste Schutzaufgabe eines jeden kapitalistischen Staates, nämlich den Schutz ihres Eigentums an Produktionsmitteln selbst in die Hand zu nehmen. Es lässt sich an der Verausgabung solcher, nicht eben geringer »unproduktiver Kosten« ermessen, welche Gewinne Multis in diesen Ländern erwirtschaften müssen.

solchen Konkurrenten einzusetzen, über deren Machenschaften sie das Urteil fällen, sie würden ihnen an ihre ökonomische Existenz gehen; oder sie versuchen, Ansprüche territorialer Art – natürlich immer historisch, völkisch oder religiös legitimiert – gegen Nachbarn durchzusetzen. Wenn die USA dann mit oder ohne offizielle Kriegserklärung, mit oder ohne Zustimmung des Sicherheitsrats der Vereinten Nationen – gelegentlich im Alleingang, gelegentlich mit dazu verpflichteten NATO-Partnern – ihr Militär in Europa, im Nahen Osten, im Vorderen Orient oder in Afrika *zum Einsatz* bringen, sich militärische Spezialoperationen erlauben oder Sanktionspakete in Anschlag bringen, die schon fast das Format eines Wirtschaftskrieges haben, dann ist dem zu entnehmen, dass die USA ihren obersten Zweck, die kapitalistische Weltordnung und die daraus abgeleiteten Zuständigkeitsansprüche zu sichern, sehr ernst nehmen.

Solche Interventionen, die dazu taugen sollen, z.B. sogenannte ›Schurkenstaaten‹ oder andere Abtrünnige zur Räson zu bringen, machen klar, dass die USA ihren Ordnungsanspruch bereits dadurch massiv verletzt sehen, dass sich Staaten autonom herausnehmen, *regionale* Souveränitätsansprüche zu erheben und durchzusetzen. Auch dann, wenn diese Souveräne damit weder einen Anschlag auf das Weltmarktgetriebe einleiten noch eine Rivalität gegen die USA aufmachen oder deren ökonomischen Ambitionen einen Schaden zufügen, wenn sie in entfernten Gegenden operieren, also weder Grenzen der USA verletzen noch sich an US-amerikanischem Privateigentum vergehen oder US-Bürgern ein Leid zufügen; und selbst dann, wenn die USA zu den *Nutznießern* der Weltmarktaktivitäten dieser Länder gehören, muss das nicht bedeuten, dass von den Vereinigten Staaten auf Interventionen dieser oder jener Art verzichtet wird. Der *Maßstab*, den die US-Weltmacht anlegt, wenn sie sich durch kleinere Staaten z.B. im Nahen Osten bedroht oder gar angegriffen *sieht*, ist denn auch ziemlich *maßlos*: Er bezieht sich immer auf die *ganze Weltfriedensordnung*, die sie als *ihr Werk* betrachten. Sie sehen *sich* und ihr *Werk* bereits dadurch bedroht, dass Kleinstaaten den weltweit angelegten *geo*ökonomischen, *geo*politischen oder geostrategischen[32] Interessen der USA in die Quere kommen. Es reicht den USA also nicht, wenn Staaten sich in die *Konkurrenz auf dem Weltmarkt* mit den erlaubten oder gerade noch geduldeten Verfahren mehr oder weniger erfolgreich integrieren. *Auf das, was die Konkurrenten mit ihrem erworbenen Reichtum politisch autonom treiben, wie sie ihn in politische Macht und militärische Mittel umsetzen – und sei es nur regional –, haben sie ein besonderes Auge.* Denn daran lässt sich der Grad an politischer *Loyalität* ablesen, die die USA zugleich mit ihrer Konkurrenzordnung geradezu selbstverständlich einfordern.

Dass die Vereinigten Staaten viele solcher Interventionen quasi als ›Polizeiaktionen‹ durchführen können, weil sie es in der Regel mit Gegnern zu tun haben, deren Militär keinen Vergleich mit dem der USA aushält – siehe Serbien, siehe Irak, siehe Syrien, siehe Libyen etc. –, nimmt von der Härte solcher Ordnungsmaßnahme nichts weg. Wenn das Militär der USA »from behind«, also ohne dass ihr Territorium auch nur im Entferntesten in Mitleidenschaft gezogen und indem der Einsatz ihrer Soldaten auf ein Minimum beschränkt wird, Länder verwüsten, dann macht das nur noch einmal deutlich, wie *prinzipiell* die USA das von ihnen beanspruchte Weltordnungsmonopol verstehen und zu sichern gewillt sind. Und jeder derartige militärische Eingriff, der nicht selten fälschlicherweise der »Unangemessenheit« bezichtigt wird, hat dann zugleich die Funktion, dem Rest der Welt zu bedeuten, was es für ihn heißen kann, wenn die USA die von ihnen eingeforderte Anerkennung der *Unumschränktheit ihrer Weltherrschaft* gefährdet wissen; und was es für diese Staaten an Zerstörung, Verwüstung und Elend einschließt, wenn die USA durch autonome außenpolitische Aktionen von Staaten ihre globalen

[32] Die Rede von »unserem Öl« macht z.B. Ansprüche geoökonomischer Art geltend, die sich gar nicht allein auf den aktuellen Abtransport, sondern auf die exklusive Zugriffsmöglichkeit beziehen. Das geopolitische Interesse besteht darin, global ein Netz von loyalen »Partnerstaaten« zu installieren. Und geostrategische Interessen werden dementsprechend dadurch wahrgenommen, dass die USA in allen Weltgegenden, in denen ihr Schutz »erwünscht« ist, Stützpunkte aufbauen.

Hoheitsansprüche bedroht sehen. In solcher Dokumentation an die Adresse der Staaten der Welt sehen die USA zusätzlich die vollständige Angemessenheit ihrer ›Polizeiaktionen‹.

Der globale Siegeszug des Kapitalismus bringt also nicht nur in Gestalt seiner Armenhäuser, sondern auch in Gestalt von im »Windschatten« der US-Macht ökonomisch und militärisch gewachsenen Kleinstaaten in allen Erdteilen Nationen hervor, die, wenn sie sich auf ihre nationalen Interessen besinnen und sie eigenständig verfolgen, ohne vorher bei den USA um Erlaubnis nachgesucht zu haben, von ihnen sofort als Weltordnungsstörenfriede eingeordnet und nicht selten militärisch abgestraft werden.

Soweit der erste Fall von *unerwünschten* Auswirkungen einer *erwünschten* und *produktiven Integration* in den Weltmarkt.

– Staaten, die sich zu Rivalen der USA entwickeln

Die Weltmacht Nr. 1 muss zudem registrieren, dass es ein unter ihrer Aufsicht errungenes ökonomisches Wachstum anderen Staaten erlaubt, sich auf der Weltbühne als ihre *Rivalen* aufzustellen und im Extremfall den USA sogar die unangefochtene Führungsrolle als *ökonomisches* Imperium zu *bestreiten*. Es haben inzwischen einige wenige Weltmarktteilnehmer *ökonomische Erfolge* eingefahren, durch die ihre nationale Macht gestärkt und darüber ihr Interesse angestachelt wurde, nationale Interessen regional oder überregional ganz *gemäß dem eigenen imperialistischen Anliegen* zu verfolgen; auch wenn sie vielleicht der Weltaufsichtsmacht gar nicht in den Kram passen. Sofern sie sich darüber auch noch als *militärische Macht* etablieren konnten – und es gibt aus den genannten Gründen wohl kaum ein Staatswesen, das seine ökonomischen Erfolge nicht zugleich zur Stärkung seines Gewaltapparats umsetzt –, dann gerät die von den USA darin erblickte Rivalität für sie schon in den Bereich *imperialer Obstruktion*. Zu anderen Staaten »besondere Beziehungen« aufzubauen, sie auf exklusive ökonomische Abhängigkeit zu verpflichten und darüber politische Verbündete mit mehr als nur begrenzten regionalen Sicherheitsinteressen zu produzieren, das hatten und haben sich die USA als *ihr Privileg* vorbehalten. Deswegen gilt für die kleine Anzahl der kapitalistischen Metropolen: Quod licet jovi, non licet bovi! Diplomatische Verstimmung stellt sich ein, Sanktionen werden gegen den politisch illoyalen ökonomischen Konkurrenten erlassen; und nicht selten erlebt man es, dass – inzwischen wird kein Hehl draus gemacht: – die CIA in solchen ›Störfällen‹[33] mit der Anzettelung irgendeiner bunten Revolution vorführt, was es mit dem Gebot der *Nichteinmischung* in die Angelegenheit anderer Souveräne auf sich hat. Das Dekret der Nichteinmischung gilt natürlich weiter. Aber es gilt den USA eben als ein von ihnen *verliehenes Recht*, weswegen diese Macht es sich frei herausnimmt, dieses Recht auf Nichteinmischung zu *entziehen*, wenn es gemessen an ihren Ansprüchen als Verstoß gegen das US-Weltordnungsmonopol eingeordnet wird.

Der globale Siegeszug des Kapitalismus bringt im »Windschatten« der US-Macht groß gewordene Rivalen hervor, die, ungeachtet der Tatsache, dass sie dabei auch zur Vermehrung des Reichtums der USA beitragen, als eine Beschränkung des von den Vereinigten Staaten beanspruchten Monopols auf Regelung der Weltfriedensordnung betrachtet und gelegentlich auch so behandelt werden.

8. Rivalen stellen das US-Monopol auf Weltordnung in Frage: Von besonderer Qualität wird diese Auseinandersetzung, wenn das von den USA beanspruchte Monopol auf Weltordnung von *Rivalen explizit* in Frage gestellt wird. Es handelt sich dabei um jene Rivalen, die es sich auf der Grundlage errungener Weltmarkterfolge herausnehmen, Mitsprache in Sachen Weltordnung einzufordern und hier und da nicht nur eigenständige, sondern überdies *rivalisierende imperialistische* Aktivitäten zu entfalten und dies auch zu *können*. Das trifft in jeweils unterschiedlicher Weise nur auf die EU, China und die Russische Föderation zu.

---

[33] Da reicht es bekanntlich schon, wenn es sich um Staaten – vor allem im sogenannten Ostblock – handelt, die mit einem Rivalen der USA eine privilegierte Partnerschaft anstreben.

– Die EU ...

Wenn Teilnehmer der Weltmarktkonkurrenz entdecken, dass sie gemeinsame Interessen negativer Natur gegen den führenden Imperialisten haben, dann kommt es schon mal zu *Bündnissen*, denen zu entnehmen ist, dass Staaten sich nicht damit abfinden wollen, dass jede Konkurrenz auf dem Weltmarkt immer nur auf der Grundlage einer durch die USA – mit ihrer ökonomischen, politischen und militärischen Macht – *vorentschiedenen Konkurrenz* stattfindet. Über das Anliegen, der *Supermacht Konkurrenz zu machen*, kommen Vereinbarungen zustande, in denen sich diese Staaten zu *Freihandelszonen* zusammenschließen und – wie im Fall der EU[34] – sogar die Hoheit über die nationale Währung zugunsten einer neuen Einheitswährung aufgeben. Die Römischen Verträge von 1957, mit denen mit der EWG der Grundstein für die EU gelegt wurde, begründeten ein solches Konkurrenzprojekt, mit dem die Rivalität zu den USA auf neue, größere Füße gestellt wurde. Über eine wechselseitige ökonomische Stärkung der Teilnehmerländer ging und geht dieses Projekt hinaus. Zölle und andere Formen des Protektionismus bei Handel und Investitionen finden dann nicht mehr untereinander, sondern als *Gemeinschaftsaktion* gegen die *äußere* Konkurrenz statt, wenn dies ange-

[34] Dass dieser Bündnisvertrag öffentlich als Friedensvertrag zwischen ehemaligen Kriegsgegnern belobigt wurde, geht nicht ganz in die Irre. Denn der Aufbau einer Freihandelszone mit Einheitswährung gegen den Rivalen USA setzt voraus, dass nicht nur jede Brechung des staatlichen Willens eines Bündnispartners unterbleibt, sondern dass überdies wechselseitige Drohungen und Erpressungen der im Bündnis vereinten, jedoch nach wie vor konkurrierenden Nationalstaaten nicht die Existenz des Bündnisses gefährden und alte oder neue Feindschaften freisetzen dürfen. Wenn die EU 2012 als »Anerkennung für viele Jahrzehnte Frieden, Versöhnung und Demokratie« den Friedensnobelpreis erhalten hat, dann darf man das getrost als Anerkennung dafür werten, dass Staaten, die ehemals Kriegsgegner waren, wenigstens bis zum Jahr 2012 nicht wieder über einander hergefallen sind, obwohl sie offenkundig weiter Gründe für nationale Gegnerschaft hatten – siehe z.B. nur den Umgang mit Griechenland in der Finanzkrise –; sonst wäre ein Friedensnobelpreis ja auch glatt überflüssig.

sagt ist. Das Kernstück der EU ist der »Gemeinsame Markt«, den man nicht mit einem einzigen Binnenmarkt verwechseln sollte. Zu dem haben sich inzwischen 27 *nationale* Ökonomien zusammengeschlossen, die zwar keine – bzw. nur noch ausnahmsweise – Grenzkontrollen untereinander errichtet haben, aber durchaus mit der produktiven Zurichtung ihrer Kapitale mittels *nationaler Standortpolitik* in Konkurrenzverhältnissen untereinander stehen;[35] man denke nur an die Einrichtung des Niedriglohnsektors, mit dem Deutschland seine ökonomische Führungsrolle in der EU entscheidend beförderte. Die Einführung des Euro als der Gemeinschaftswährung, die sich inzwischen hinter dem Dollar als zweites Weltgeld etabliert hat, machte es nötig, dass der Konkurrenz der EU-Staaten untereinander *Schranken* auferlegt wurden. Denn an der Sicherung des Werts dieser Währung, an dem nicht nur der Stand des Weltmarkterfolgs der EU abzulesen ist, sondern der zugleich für den EU-Reichtum *steht*, ist »Brüssel« und der EZB – der Europäischen Zentralbank – sehr viel gelegen. Deswegen gibt es z.B. Regeln für die *Staatsverschuldung* der Euro-Staaten, mit denen dafür gesorgt werden soll, dass Mitgliedsstaaten nicht in die Nähe des Staatsbankrotts geraten, dessen negative Auswirkung auf den Eurowert zwingend wäre.

Die EU hat sich darüber – und immer unter dem Schutz der US-Macht – zu einem der Globalplayer auf dem Weltmarkt entwickelt, der auch für die Multis der USA in einem Umfang Absatz- und Anlagemöglichkeiten bereithält, auf den selbst hartgesottene »America-first«-Politiker nicht verzichten wollen.

Die EU stellt für die USA damit den widersprüchlichen Sonderfall eines *auszunutzenden* ökonomischen *Rivalen* dar, der zugleich über die NATO politisch-militärischer *Verbündeter* ist

[35] Standortübergreifende Zusammenschlüsse von Kapitalen – wie z.B. beim Airbus – ergeben sich aus der Rivalität zu entsprechenden Multis des bzw. der Rivalen (siehe Boeing). Wobei es bei solchen Zusammenschlüssen allen an so einem Multi beteiligten Staaten immer noch sehr darauf ankommt, auf welchem nationalen Standort die einzelnen Werke jeweils errichtet werden.

und bleiben soll. Welche der widersprüchlichen Seiten dieses Verhältnisses – immerhin zählen zwei europäische Staaten auch zu den Atommächten – die US-amerikanische Politik jeweils primär bestimmt, hängt – grob gesagt – von der Weltlage[36] und der Politik der jeweils regierenden US-Mannschaft ab. Es muss festgehalten werden, dass kein noch so hübscher Einheitsschwur zwischen den Führern dieser beiden Großmächte USA und EU die Garantie enthält, dass er alle kritischen Affären der Weltpolitik überdauert.[37]

– ... Russland

Während die EU ihre ausgreifende konkurrierende ökonomische und politische Stellung, verbunden mit deutlichem deutschen Führungsanspruch, immer noch unter dem Schutzdach der US-dominierten NATO verfolgt, hat sich die *Russischen Föderation* als Rivale der USA ganz anders aufgestellt. Zwar trifft auf Russland zu, dass diese Großmacht nach dem freiwilligen Kollaps der Sowjetunion ab 1990 über die zunehmende, regelkonforme Integration in den kapitalistischen Weltmarkt[38] etliche Geschäftserfolge beim Export von Gas, Öl, Getreide, Düngemitteln und auch Rüstungsgütern usw. erzielt hat, mit denen sie ihre Staatsmacht ausbauen konnte, dennoch hat man es zugleich mit einem *Sonderfall* zu tun. Ihre Stellung als hochgerüstete Militärmacht mit der zweitgrößten atomaren Bewaffnung, die es darin mit den USA aufnehmen kann, verdankt sich immer noch in weiten Teilen dem Erbe aus der Sowjetzeit. Zugleich ist deren Pflege auch

---

[36] Durch den Ukrainekrieg ist das Verhältnis um einen Widerspruch bereichert, der Thema von Unterkapitel 10 ist.

[37] Wobei die widersprüchliche Konstruktion der EU, ein Bündnis von immer noch in bestimmten Bereichen der Politik konkurrierenden Nationalstaaten, selbst von den ständigen Anstrengungen lebt, es zusammenzuhalten und auch noch zu erweitern. Der Brexit hat gezeigt, dass in bestimmten Fällen nationale Interessen über das gemeinsame Interesse gestellt werden, im Bündnis die Rivalität mit den USA auszutragen.

[38] Die 2011 endgültig mit der Mitgliedschaft in der WTO ›belohnt‹ wurde.

ein Ergebnis der erfolgreichen Integration in den Weltmarkt: Mit den Deviseneinnahmen werden Technologien etc. für den Aus- und Umbau des Militärs eingekauft.

Der damit fundierte Anspruch, als eine Macht respektiert zu werden, die die US-Vorgaben bei der Sicherung der Weltfriedensordnung nicht einfach absegnet, zeigt sich, wenn sie sich mittels eigener militärischer Größe einer Eingliederung in US-geführte militärische Ordnungsstiftungsoperationen verweigert, gelegentlich sogar dagegenhält und/oder gemäß imperialer Interessen ihr eigenes Militär schon mal »friedensstiftend« in Marsch setzt – wie in Georgien, Tschetschenien, Mali oder auch Syrien. Während Russland auf der *Respektierung* seiner Macht als Mitentscheider in einer von ihm angestrebten *multi*polaren Weltordnung unbedingt insistiert, darin den Kern seiner Staatsräson sieht und es der Macht dieses Anliegen auch wert ist, das eigene atomare Waffenarsenal ins Spiel zu bringen, stellt dieser Anspruch für die USA die *Infragestellung* ihres *Monopols* einer Weltordnungsdominanz, also den Angriff auf das *existenzielle Element ihrer Staatsräson* dar. Und eben diese Infragestellung können die USA *nicht zulassen:* Russland kann sich der Feindschaft durch die USA sicher sein. Und allein deswegen ist Putin *»der Böse«*: Dem US-Monopol setzt er mit dem Einmarsch in die Ukraine einfach eigene imperialistische Ansprüche entgegen.

Um es noch einmal zu betonen: Es hat die Russische Föderation *nicht* etwa eine – z.B. planwirtschaftliche – Alternative zum Kapitalismus konkurrierend auf die Tagesordnung gesetzt, sie bricht auch *nicht* mit den Regeln der Konkurrenzordnung. Es erklärt sich diese unerbittliche Feindschaft vielmehr aus einem für die USA *unerwünschten Ergebnis* des allen Staaten auferlegten, politisch gedachten und von ihr kontrollierten Konkurrenzgebots. Die Russische Föderation hat sich den Regeln der *Konkurrenzordnung unterworfen* und es darüber auch ökonomisch zu einem veritablen und erfolgreich operierenden Bestandteil des Weltmarkts gebracht. *Dass die USA jedoch mit dem Konkurrenzgebot von der Staatenwelt zugleich wesentlich mehr, nämlich die Anerkennung ihres Weltordnungsmonopols verlangen,* welches sie als ihr angestammtes Recht betrachten, das wollte und will die Russische Föderation mit ihren gewachsenen Ansprüchen nicht akzeptieren. Es ist der von Russland eingeforderte politische Respekt als *imperialer Mitgestalter* der Weltordnung, welcher den USA als Feindschaftserklärung galt und gilt, auf die sie seit geraumer Zeit mit allen nur denkbaren Mitteln, über die eine Weltmacht ihres Kalibers verfügt, reagiert. Die militärische Einkreisung durch Einbeziehung der Staaten vor allem des ehemaligen COMECON in die NATO, früh verbunden mit heftigen ökonomischen Sanktionen, eigener Aufrüstung[39] und der Fortsetzung bewährter antikommunistischer Propaganda, die gegenüber ›neutralen‹ Staaten erpresserischen Charakter annehmen kann, stehen dafür. Inzwischen sind die Gegensätze der kapitalistischen Friedensordnung an dieser Front so weit eskaliert, dass ein Krieg zwischen Russland und »dem Westen« tobt, den die Russische Föderation militärisch zur Verteidigung der Ukraine als dem letzten von ihr beanspruchten sicherheits-politischen Bollwerk und damit zugleich politisch gegen die westliche Einkreisungspolitik begonnen hat.

… und China

China ist für die USA in ähnlicher, wenn nicht sogar in noch brisanterer Weise zum Feind avanciert. Erst 2001 in die WTO aufgenommen, hat sich dieses Land damit auf die Konkurrenzregeln des Weltmarkts verpflichtet und darüber schnell zum Exportweltmeister entwickelt.[40] 2016 ist das Land dann – ein schöner Brauch – offiziell als »Marktwirtschaft« anerkannt worden.[41] Dass sich die WTO damit schwer getan hat, erklärt sich aus dem Umgang der chinesischen Führung mit dem *Eigentum* von westlichem Ka-

[39] Einer Aufrüstung, die sich um die meisten der Abrüstungsvereinbarungen aus der Zeit im und nach dem Kalten Krieg nicht scherte.

[40] Wodurch, das ist eine andere Frage. Nachzulesen ist das z.B. in: Ist China eine Marktwirtschaft, in: GegenStandpunkt, 3/16, oder bei R. Dillmann, China – ein Lehrstück, Hamburg 2019.

[41] bdi.eu/artikel/news/china-in-der-wto

pital. Eingeführte Waren – inzwischen hat sich China zu einem der größten Märkte für Waren und Kapital aus dem Westen entwickelt – dienten ungeachtet des Patentschutzes als Blaupausen zur Steigerung der Produktivität chinesischen Kapitals,[42] und der Kapitalimport in das »große Reich der Mitte« wurde lange Zeit nur in der Form der joint ventures erlaubt, über die sich China günstig Technologietransfers sicherte. Soweit so gut!

Doch auch China hat seine ökonomischen Erfolge – die westlichen Metropole verdienen an dem Land auch noch heute per Warenhandel und Kapitalexport nicht schlecht – nicht zur Zufriedenstellung der obersten Aufsichtsmacht genutzt. Politisch, ökonomisch und auch militärisch zu einem für den Westen beachtenswerten Konkurrenten aufgestiegen, unternimmt China zudem den Versuch, seine Währung als alternatives Weltgeld zu platzieren, unterstützt Staaten, die vom Westen nicht nur nicht wohlgelitten, sondern – wie z.B. Nordkorea – zu Feinden erklärt worden sind, kauft sich in den westlichen Metropolen ein, was immer mehr als »feindliche Übernahme« charakterisiert und entsprechend beschränkt[43] oder ganz verhindert wird, und schafft es mit dem BRICS-Bündnis Staaten hinter sich zu versammeln, die der ›unipolaren Weltordnung‹ mehr als reserviert gegenüberstehen. Erkennbar nutzt China seinen Staatskapitalismus unter Führung einer immer noch kommunistisch genannten Partei dazu, Breschen in das Gefüge der US-Weltordnung zu schlagen und unter eigener Führung ihr Ideal der multipolaren Weltordnung

[42] Was der Westen als Verbrechen oder als eine Form der Werkspionage verurteilte, ist nichts anderes als die Nutzung von im Prinzip allgemein zugänglichen, in den Waren inkorporierten naturwissenschaftlichen oder technologischen Erkenntnissen, die sich ihrer Natur nach jedem exklusiven Eigentumsrecht entziehen, da keine bestimmte Benutzung irgendeine andere Verwendung ausschließt. Erst das kapitalistische Patentrecht stellt profitträchtiges Wissen mit dem absurden Titel »geistiges Eigentum« unter den exklusiven Eigentumsvorbehalt.

[43] Siehe dazu den umstrittenen Einkauf des chinesischen Konzerns Cosco in den Hamburger Hafen (www.tagesschau.de/wirtschaft/cosco-hamburg-hafen-102.html).

– als deren Führung sie sich prädestiniert sehen – zu initiieren. Es ist dies auf dem Globus die deutlichste explizite Ansage, unter Nutzung des etablierten Weltmarkts den USA den Rang abzulaufen. *Dies* und nicht die sogenannte Menschenrechtsfrage, nicht die fehlende Demokratie und schon gar nicht die Existenz der KP Chinas sind der Grund für die Feindschaft, die – unter der Regierung Biden prioritär behandelt – die USA seit einiger Zeit eskalieren. Sie fahren dafür nicht nur die Geschäftstätigkeit mit China runter, entschädigen die dadurch in Mitleidenschaft geratenen US-Kapitale,[44] kreisen China mit Militärstützpunkten ein, machen die Taiwan-Frage provokativ auf und versuchen Länder, die sich von Chinas »neuer Seidenstraße« einen Aufschwung versprechen, zum Abstand zu China zu erpressen.

In den Vereinigten Staaten mehren sich denn auch die Stimmen, die davor warnen, mit dem (Stellvertreter-)Krieg gegen die Russische Föderation nicht – um mit Churchill zu reden – »das falsche Schwein zu schlachten«.[45] Das muss der US-Führung unter Biden jedoch nicht gesagt werden. Er weiß um die Bedrohung der US-Hegemonie durch die *beiden* auf dem Weltmarkt kapitalistisch gefährlich groß gewordenen »Schweine«.

9. Krieg: Mit Reichtumszerstörung den etablierten Zugang zum Reichtum sichern

Der Übergang von der *Drohung* mit dem Einsatz von Gewalt zum *Krieg,* also zum *Einsatz* von *Gewaltmaßnahmen*, mit dem auf den politischen Willen des für störend befundenen Souveräns keine Rücksicht genommen wird, gilt in der Welt der konkurrie-

---

[44] Dies ist allerdings ein Unterfangen, das ökonomische Verflechtungen in weitaus größerem Umfang betrifft, als es der Westen in seinen gleichartigen Bemühungen, Geschäfte mit Russland zu unterbinden, verfolgt hat. Ohne erhebliche Geschäftseinbußen wäre so ein »Wirtschaftskrieg« nicht zu realisieren.

[45] Es gibt in militärischen Denkfabriken der USA konsequenterweise auch schon schon Planspiele für einen Krieg der USA/NATO gegen China im Jahr 2025. (www.fr.de/politik/taiwan-konflikt-ich-hoffe-dass-ich-mich-irre-aber-2025-fuehren-die-usa-mit-china-krieg-92062306.html)

renden Gewaltmonopolisten zu Recht als *»das letzte Mittel der Politik«*. Damit ist nicht nur darauf verwiesen, dass jede Vertragslösung im Schacher der Konkurrenten militärische Gewalt nicht ausschließt, sondern dass sie ein immer einkalkuliertes *Mittel* ihrer Außenpolitik *ist,* welches den Zweck hat, *»den Feind wehrlos zu machen«* – wie dies Clausewitz so nüchtern in seinem Opus »Vom Kriege« darlegt.[46] Die Behauptung, Politik wolle sich mit dieser Redeweise eigentlich dem *Verzicht* auf die militärischen Operationen verschreiben, fällt ebenso in den Bereich der Schönfärberei wie die Deutung, dass es sich beim Krieg als dem *»letzten Mittel«* nur um eine ausnahmsweise anfallende *Notfalloperation* handeln könne, zu der die Politiker die Umstände, vor allem ein Überfall eines Friedensstörers, *zwingen* würde, wo sie selbst sich doch eigentlich dem Frieden verschrieben hätten; dass die Anwendung des letzten Mittels demzufolge mit ihrer Politik *nichts* zu tun hätte, vielmehr eine ihr aufgenötigte reine *Verteidigungsoperation* sei.[47]

Die Sache stellt sich anders dar: Wenn man begriffen hat, dass im Widerspruch zwischen der notwendigen Respektierung des fremden Staatswillens und dem darin immer eingeschlossenen wechselseitigen Interesse, sich des fremden Reichtums per Weltmarkt zu bemächtigen, je nach Verlauf der Konkurrenz die *Aufkündigung* des Respekts durch eine der beiden Staatsmächte im Kern enthalten ist, dann liegt auf der Hand, dass zu den Verkehrsformen zwischen kapitalistischen Staaten gleichermaßen gewaltfreie Konkurrenz *und* der Einsatz von Gewaltmitteln gehören. Es kalkulieren alle Staaten auch im tiefsten Frieden immer mit der Möglichkeit des Krieges. Der Einsatz von Gewalt zwecks Sicherung der Bedingungen von Reichtum und seinen Quellen bzw. die Drohung damit, sie im Schacher der Staaten um lukra-

46 Clausewitz, a.a.O.

47 Die Absurdität der von jedem kriegserfahrenen Politiker beherrschten Dialektik, derzufolge die Gründe für den Bruch des Friedens immer bei den anderen liegen, wird durch den Verweis auf realexistierende Kriege deutlich, die es dieser Logik zufolge gar nicht geben dürfte.

tivste Geschäfts einzusetzen, gehört bereits im Frieden zum Konkurrenzgeschäft. So sehr auch der Krieg als der *Gegensatz* zum Frieden verkündet wird. Die Wahrheit ist das nicht. Eher schon ist der Krieg eine *Ausnahme* von den *Regeln der Konkurrenzordnung*, zu denen eben das verfügte Gewaltverbot gehört; eine Ausnahme, die immer dann fällig wird, wenn staatliches Konkurrenzgebaren nebst entsprechender politischer Durchsetzung die Souveränität eines anderen Staates verletzt, was – wie gezeigt – mit *Notwendigkeit*[48] zu dieser imperialistischen Konkurrenzordnung dazu gehört.

Was der tatsächliche Gehalt vom »*letzten* Mittel« ist, ergibt sich aus einem weiteren *Widerspruch* des Imperialismus, nämlich aus dem Widerspruch eines jeden Krieges zu all den Zielen, die Staaten auf dem Weltmarkt verfolgen, wenn sie sich wechselseitig ihren *Reichtum* bestreiten. Zum einen werden in jedem Krieg große Teile des erwirtschafteten Reichtums als Mittel zur *Vernichtung* des Reichtum des Feindes eingesetzt. Wenn ein Staat mit eigener Wehrmacht »wehrlos« gemacht werden soll, also dafür Land und Leute, darunter seine Rüstungsbetriebe, seine Rüstung und beider Personal zu großen Teilen dadurch vernichtet werden müssen, dann geht das nur, wenn auch Teile des Reichtums des kriegführenden Staates in Gestalt von Vernichtungsgerät durch ihren Einsatz zerstört werden. Der Gebrauchswert als

---

[48] Im Wissen um die Schwierigkeiten, die mit der methodischen Kategorie der ›Notwendigkeit‹ verbunden sind, sei hier auf Folgendes verwiesen: Kriege lassen sich aus dieser Konkurrenzordnung allgemein erklären. Weder sind sie Ereignisse, die sich hinter dem Rücken der Kriegspolitiker durchsetzen – wie auch –, noch handelt es sich bei solchem Gemetzel um Ereignisse, gegen die kein Kraut gewachsen ist. Es handelt sich eben nicht um Naturnotwendigkeiten. Immer sind es Politiker, die mit ihren Kalkulationen darüber entscheiden, ob die Zeit für den Krieg reif ist, sprich: ob ein Staat sich der angegriffenen Interessen nur noch mit Krieg zu wehren weiß und wie er dann bis zu welchem Ende zu führen ist. Und bei diesen Kalkulationen handelt es sich um Erwägungen, die Produkt der von ihnen selbst etablierten und praktizierten kapitalistischen Konkurrenzordnung sind.

von der Politik eingekaufte Vernichtungsmittel, schließt zum anderen immer ein, dass sie vom Gegner zerstört werden; und je nach Kampfkraft des Gegners wird es dabei nicht bleiben, sondern auch die gegnerische Rüstungsindustrie und das Menschenmaterial treffen. Politik, die das »letzte Mittel« einzusetzen gedenkt, hat also eine – jedoch kaum jemals schlüssig zu Ende zu denkende – brutale *Kalkulation* über die *Verhältnismäßigkeit* der Zerstörungen anzustellen, die der Krieg anrichtet: Kriege sind nur zu gewinnen, wenn man selbst beim Gegner im Verhältnis zu dessen Größe und Ausstattung Etliches mehr vernichtet, als dieser bei einem selbst. Und nur wenn der Gegner keine Aussicht mehr auf erfolgreiches Anrichten von Tod und Verwüstung beim Kontrahenten hat, stehen »Friedensverhandlungen« oder Kapitulation an.

Das ist die gnadenlose Logik des »letzten Mittels«.[49] *Es ist den westlichen Imperialisten an der Erhaltung und Sicherung der Bedingungen der kapitalistischen Profitmacherei, also an der Benutzbarkeit der Welt als Quelle von Reichtum derart viel gelegen, dass sie dafür die Profite schon mal sausen lassen und umgekehrt in der Vernichtung von Reichtum und Leben bei Feind und Freund das angesagte Mittel zur letztlichen Erhaltung der ökonomischen Substanz ihrer Souveränität sehen.* Aber genau deswegen gilt der Krieg den Herrschern über ziviles und militä-

[49] Den Zusammenhang sollten sich einige Linke klar machen, die in jedem Krieg immer nur ökonomische Zwecke entdecken. Immer soll es nur um Öl oder andere Rohstoffe gehen – ausgerechnet dann, wenn Öl-Quellen in Flammen stehen und Raffinerien zerschossen werden. Diese ›ökonomistische‹ Sichtweise verkennt, dass Kriege nur geführt werden, wenn sich Staaten – wodurch auch immer – in ihrer politischen Existenz gefährdet sehen. Nur dieser Befund über die Lage ihrer Staatsmacht ist es Herrschern wert, die Vernichtung auch von Teilen ihres Reichtums als Mittel für die Zerstörung von Reichtum beim Feind einzusetzen. Dass und wie die politische Existenz ihrerseits wieder am Erfolg auf dem Weltmarkt abhängt, ist hinreichend erläutert.

risches Zeug auch nur als »*letztes* Mittel der Politik«.[50] Es muss schon um das Existenzielle des Staates, seine Souveränität und welche Stellung auf der Welt er damit verbindet, gehen, wenn er sich diesen Widerspruch leistet: *»die Emanzipation der Politik vom Profit, für den sie gemacht wird, ist eben Geschäftsbedingung, und Kriege sind daher immer wieder fällig ...«*[51]

Imperialistische Staaten sind also keineswegs kriegsgeil. Am liebsten wollen sie ihre Ziele gegen die Rivalen *ohne* diese ›Reichtumsverschwendung‹ durchsetzen: Mit Erpressung, mit Sanktionen, mit Abwerbung von Bündnispartnern usw. Es zieht noch jede Herrschaft glaubwürdige Drohungen dem Krieg vor, wenn sich mit ihnen dasselbe oder ein ähnliches Ergebnis erreichen lässt. Friedenspolitik bleibt dann mit geringeren unprodukti-

---

[50] Man sollte angesichts dieser zwingenden Schlüsse übrigens nicht vergessen, dass die Verfolgung existenzieller Zwecke von Souveränen immer einschließt, dass sie ihr Volk – ihr ziviles und den Teil, der in Uniformen steckt – als Mittel zur Sicherung von nationaler Souveränität opfern; es ist deshalb auch kaum anzunehmen, dass Staaten ihren Bürgern vor und nach Kriegen nur materielle Wohltaten – die ideellen gibt es immer reichlich – angedeihen lassen wollen.

[51] Siehe dazu: Imperialismus I, a.a.O., S. 41. Der abstrakte Widerspruch der »Emanzipation der Politik vom Profit, für den Profit« äußert sich im laufenden Stellvertreterkrieg darin, dass allein die Ukraine als Kriegsschauplatz verwüstet wird und damit als Reichtumsquelle besonders für das Kapital der EU erst einmal ausfällt. Europa und die USA opfern Teile des in der Produktion von Kriegsgerät steckenden Reichtums, sind selbst aber noch von inneren Zerstörungen verschont. Neben dem Krieg, den sie führen lassen, gehen sie ihren – allerdings von den Auswirkungen des Ukrainekriegs nicht gänzlich unbehelligten – Geschäften auf dem Weltmarkt weiter nach, überschlagen sogar schon die Kosten des Wiederaufbaus der Ukraine. Der soll, wie auf Konferenzen jüngst ermittelt, ca. 720 Mrd. € kosten, ein Batzen Geld, der über beschlagnahmtes russisches Geld, Spenden und natürlich über Kredite aufgebracht werden soll (www.deutschlandfunk.de/wiederaufbau-ukraine-marshall-plan-eu-rebuildukraine-100.html), was den ukrainischen Staat jahrzehntelang hübsch erpressbar machen würde. Hoch- und Tiefbaukapital des Westens steht entsprechend in den Startlöchern, um in der Konkurrenz um Aufträge nicht zu spät zu kommen.

ven Kosten ihrem zentralen Zweck treu, nämlich mit dem produktiven Einsatz des eigenen Kapitals in der Weltmarktkonkurrenz den nationalen Reichtum zu *vermehren*, statt ihn im Krieg zu *vernichten*.

Allerdings erfordert diese Friedensordnung, dass schon *im Frieden* erhebliche und steigende Abzüge vom nationalen Reichtum ständig für diese unproduktiven Staatszwecke reserviert sind. Es muss eben auch für das Drohpotenzial und für den Ernstfall für die *Kriegsfähigkeit* immer gesorgt sein.[52] Und das leistet, wie unschwer zu beobachten ist, der nationale Kapitalismus der Metropolen in seinem *Normalbetrieb* – selbst bei den massiv gestiegenen Waffen- und Munitionslieferungen der EU und der USA an die Ukraine. Die Rüstungsindustrie hat sich bereits im Frieden gut auf Produktionssteigerungen vorbereitet, die der Staat mit seinen Aufträgen nur zu aktivieren braucht. Von Kriegswirtschaft kann denn auch im Westen nicht die Rede sein. Es läuft wie gehabt: Der Staat fragt nach, das Rüstungskapital liefert und kassiert.

10. »Der Westen« und der Krieg in der Ukraine[53]

Es ist bisher immer von »dem Westen« die Rede gewesen; wobei aufgefallen sein könnte, dass damit ein *politisches Subjekt* benannt ist, das es als konsolidierten Zusammenschluss von Staaten, die ein *positives* Interesse eint, so gar nicht gibt. »Der Westen«

---

[52] Was eingangs unter IV.1. nur als Benennung all dessen, was die Kriegsträchtigkeit des Friedens ausmacht, zusammengetragen worden ist, das ist jetzt erklärt.

[53] Die Besonderheiten dieses Krieges, dass »der Westen« ihn gegen Russland führt, ihn aber von der Ukraine begrenzt auf das Territorium dieses Staates als Stellvertreterkrieg führen lässt, dass ihn Russland als »militärische Spezialoperation« führt und beide Seiten mit aufgestellter und in Anschlag gebrachter Atommacht präsent sind, dass sie mit jeder Eskalation einem Dritten Weltkrieg von nie dagewesenen Ausmaßen näherkommen, den sie zugleich vermeiden wollen, sind hier nicht das Thema. (Sie sind erschöpfend erklärt in: Die drei Gründe des Ukrainekriegs, in: GegenStandpunkt 2/22)

ist nichts als ein Zweck*bündnis* von Staaten vor allem in Europa und Kanada[54] unter Führung der USA – die NATO wird immer mitgedacht –, deren Mitglieder einen *gemeinsamen Feind* haben. Das Bündnis ist im Kalten Krieg zunächst gegen »den Osten« zusammengeschweißt worden und wurde bzw. wird je nach Aktualität der Feindschaftserklärung erneuert. Inzwischen gilt »der Westen« zugleich als Inkarnation der *Werte*, die Demokratie und Markwirtschaft nach Maßgabe ihrer Führer auszeichnen: Freiheit, Frieden und weitere Menschenrechte usw. sind es, die gegen jede Abweichung weltweit nicht nur moralisch in Anschlag gebracht werden.

Es ist dieses Zweckbündnis[55] also alles andere als eine Gemeinschaft einander in unverbrüchlicher Freundschaft zugetaner Staaten. Es besteht nicht nur aus ökonomischen Konkurrenten höheren Kalibers – die EU existiert dabei selber als Verbund von Staaten, die jeweils ihren Nationalismus auch innerhalb des Bündnisses pflegen –, sondern es haben alle Staaten »des Westens« ihre eigenen imperialistischen Ansprüche, die sich wechselseitig ausschließen. So sind z.B. die führenden Nationen in der EU bestrebt, eine eigene »Verteidigungsarmee« für europäische Belange auf die Beine zu stellen, deren Aufgabe mit der NATO und ihren Zwecken nicht zusammenfällt und die zugleich nicht länger von dem US-Schutzschirm als militärischer Versicherung von EU-Außenpolitik abhängig sein will. Dabei sind den EU-Staaten die Grenzen solcher Vorhaben klar. Denn sie wissen zu genau, dass

---

[54] Gar nicht so ›westlich‹ gelegene Staaten wie etwa Australien, Neuseeland oder Japan werden ebenfalls dazu gerechnet.

[55] Operationalisiert zurzeit in der G7, der neben Deutschland, die USA, Frankreich, Großbritannien, Italien, Japan und Kanada angehören. Dass 2014 Russland aus der Gruppe ausgeschlossen wurde, aus der G8 die G7 wurden, steht für sich selbst. Denn wenn es den westlichen Metropolen darum geht, »in jährlichen Gipfeltreffen ... gemeinsame Positionen zu globalen politischen Fragestellungen abzustimmen« (wikipedia.org/wiki/G7), dann hat die Russische Föderation, die ein Teil dieser »globalen politischen Fragestellungen« ist, natürlich dort nichts zu suchen, wo es um deren Beantwortung geht.

ihre Position in der Welt von der Drohkulisse profitiert, die eine NATO darstellt, die ihrerseits politisch und militärisch ganz von der US-Macht dominiert wird.

»Den Westen« als Verein von Staaten im engen »Schulterschluss« gibt es als agierendes Bündnis immer *nur dann* und *nur soweit*, wie diese Staaten einen gemeinsamen Feind haben, der als nicht hinnehmbarer Störenfried der westlichen Weltordnung in die Schranken verwiesen werden soll.[56] Dazu gehört nach wie vor Russland – schon immer und erst recht jetzt im Ukrainekrieg.

Die Bekräftigung, dass in diesem Krieg kein Blatt zwischen die USA und die EU passt, dass die Staaten des Westens folglich gleiche Interessen verfolgen, wenn sie die Ukraine zum Kriegführen ausstatten, hört man von Politikern dies- und jenseits des Atlantiks täglich. Und es kann gar nicht bestritten werden, dass sich in diesem Krieg die USA und führende Staaten eines *Rivalen*, der EU, tatsächlich zur Verfolgung gemeinsamer Interessen gegen die Russische Föderation zusammengeschlossen haben. Das hat auch ihr Bündnis innerhalb der NATO-Militärmacht wieder gefestigt, das in der Vergangenheit schon häufig – jüngst etwa von Trump und Macron – in Frage gestellt worden ist. Die EU mit ihrer Führungsmacht Deutschland *teilt* in der Tat das imperialistische Interesse der USA, ein Russland als Weltmacht

---

[56] Dass dieser »Schulterschluss« zwischen EU und USA selbst im laufenden Krieg mit der Ukraine noch eine zweite Seite besitzt, hat z.B. Macron nach seinem Chinabesuch im April 2023 ausgesprochen, als er ›die Europäer‹ davor warnte, sich der immer bedrohlicher werdenden Feindschaft der USA gegen China anzuschließen. Sein Argument, sie hätten in diesem Fall keine gemeinsamen Interessen mit den USA, stieß auf heftige Kritik. Besonders aus Berlin und Brüssel musste sich der französische Präsident harte Worte anhören, deren eigentlichen Gehalt die SZ am 18.4.23 so auf den Punkt brachte: »Sein Timing ohne Sinn und Verstand ändert aber nichts daran: Im Kern hat Macron recht.« Aus Washington kam prompt die Retourkutsche: Wenn die EU in Sachen Taiwan/China nicht an der Seite der USA stünden, dann müsste sich die Biden-Regierung umgekehrt überlegen, ob sie im Ukrainekrieg noch länger an der Seite der EU stehen sollten.

mit Mitordnungsanspruch nicht zuzulassen. Die Verfolgung des aus diesem Kriegsgrund folgenden primär *geostrategischen* Interesses der USA an der Verschiebung der EU-Grenzen bis an die Ostgrenze der Ukraine kommt den europäischen Mächten überdies als Weg zur weiteren *Stärkung der Europäischen Union* gelegen. Gedacht und betrieben wird sie als territoriale Ausdehnung mit maßgeblichem politischen Einfluss auf die Führung eines zukünftigen ukrainischen Staates und darüber als Zugriff auf Ressourcen der Ukraine, auf die westliches Kapital geradezu wartet – und seien es zunächst auch nur Aufträge zum Wiederaufbau dieses Staates. Es ist also der Angriff der Russischen Föderation auf die Ukraine vom »Westen« insgesamt als willkommener *Anlass* beurteilt und in Angriff genommen worden, dies von den einzelnen Bündnispartnern unterschiedlich akzentuierte Eroberungsprojekt gemeinsam voranzutreiben.

Es ist – um es noch einmal zu betonen – der us-amerikanische Weltordnungsanspruch mit der NATO im Rücken, den auch das zum Rivalen der USA herangewachsene Europa immer noch für die Festigung und den Ausbau seiner Rolle in der Welt weiter benötigt. Und zwar so sehr, dass sich die europäische Führungsmacht Deutschland von ihrer offiziellen Staatsräson verabschiedet, sich umgehend dieses Krieges annimmt und keine Kosten, genauer: keine Schulden scheut, ihn nebst den daraus folgenden Kollateralschäden zu bewältigen.

Es gilt festzuhalten: Der Kalte Krieg der Nachkriegszeit ist nicht beendet, sondern er ist in Gestalt des Ukrainekriegs *heiß* geworden – wie heiß er noch wird, das wird sich zeigen.

Es darf folglich nicht verwundern, dass die EU dafür die weiterhin objektiv bestehende ökonomische Rivalität zu den USA *praktisch* zurückstellt. Dabei gäbe es zurzeit genug Anlässe, sich ihr diplomatisch und mit Mitteln zur Sicherstellung von Konkurrenzerfolgen zu widmen. Denn es sind die USA, die nicht nur versuchen, aus der Bewältigung von Kriegsfolgeschäden z.B. in Gestalt von Energiemangel ein nationales Geschäft zu machen, sondern bereits dabei sind, sich auf eine Auseinandersetzung mit der Weltmacht China vorzubereiten. Das betreiben sie, indem sie unter Biden ein 370 Milliarden großes Subventionspaket namens ›Inflation Reduction Act‹ auf den Weg gebracht haben, das dazu führen soll, die USA besonders hinsichtlich der »Zukunftsindustrien« – Energie, Chips, seltene Erden etc. – von den großen Rivalen, also besonders von China, aber auch von europäischer Zukunftsindustrie[57] unabhängig zu machen. Wenn als Folge für Europa eine »Deindustrialisierung« befürchtet wird, weil europäisches Kapital mit Kapitalverlagerung in die USA von der unbegrenzten Subventionierung durch die Dollarmacht profitieren will, und wenn in Brüssel von einem möglichen »Handelskrieg« geredet wird,[58] dann wird deutlich, dass die USA selbst in diesem heißen Krieg gegen Russland die Sicherung ihrer Führungsposition gegenüber ihren anderen Rivalen, der EU und China, auch dann nicht zurückstellen, wenn der eine Rivale zur Zeit sein Kriegsbündnispartner ist.

11. Was dem Wirtschaftskrieg gegen Russland über die globale Konkurrenzordnung zu entnehmen ist

Mit einem *Wirtschaftskrieg* wird der heiße Krieg in einer zweiten Front gegen Russland *komplettiert*. Solche Kriege haben eine Tradition, gerade auch als erste Front. Es haben schon einige Staaten zu spüren bekommen, was es bedeutet, vom kapitalistischen Westen mit ganzen Bündeln von Sanktionen vom Weltmarktzugang ziemlich ausgeschlossen zu werden. Dabei geht es um Bestrafung von geächteten Staaten, die immer auch den Charakter der Statuierung eines Exempels hat, oder auch um einen Angriff auf ihre Ökonomie insgesamt – die Übergänge sind dabei fließend.

In Anwendung kommt dabei in jedem Fall der Umgang mit einem weiteren Widerspruch des entwickelten Weltmarkts. Jede *dauerhafte* und *umfängliche Nutzung* des Weltmarkts durch Staaten, die ihnen je nach den Erfolgen *Freiheiten* im Ausbau ihrer

---

[57] Die niederländische Chip-Industrie gehört z.B. dazu (wikipedia.org/wiki/ASML).

[58] Siehe das Interview mit Ursula von der Leyen im Deutschlandfunk: www.deutschlandfunk.de/interview-der-woche-ursula-von-der-leyen-100.html.

Macht bringen, stiftet zugleich diverse *Abhängigkeiten;* und zwar von den Staaten, *in* deren Ökonomie *Exporte* abgesetzt werden, weil z.B. mit den Deviseneinnahmen obligatorische Staatsausgaben gedeckt werden sollen, aber auch von deren *Importen,* sofern sie für das heimische Geschäftsleben etwa als Vorprodukte von Exportwaren bzw. für die Sicherung der materiellen Reproduktion der Gesellschaft notwendig sind. Bemerkbar macht sich der Widerspruch immer dann, wenn der Geschäftsgang *unterbrochen* wird, mit dem stagnierenden Absatz die Deviseneinnahmen ausfallen, und/oder durch die Unterbrechung des Importzustroms das Geschäfts- oder sonstige Leben einer Gesellschaft empfindlich gestört wird.

Die Gründe für eine *politisch bewusst* herbeigeführte Unterbindung[59] des Geschäftslebens müssen schon *gewichtig* sein, denn solche Wirtschaftskriege haben zwangsläufig immer negative Auswirkungen auf ihre Initiatoren. Geschädigt werden soll nämlich nicht das eine oder andere partikulare Geschäftsfeld für sich, sondern getroffen werden soll über einen sehr *generellen Angriff* auf die Ökonomie die *politische Führung* des Gegners; entweder weil sie verdächtigt wird, sich unerlaubt Waffen zulegen zu wollen, die ihr nach Maßgabe der Weltfriedenshüter nicht zukommen, sich die ›falschen‹ Bündnispartner ausgesucht oder gar mit Waffengewalt eine dem Westen geneigte Staatsführung vertrieben zu haben.[60]

Gerade der Wirtschaftskrieg, den der Westen im *Ukrainekrieg* gegen die Russische Föderation als zweite Front aufgemacht hat, offenbart, dass der entwickelte Weltmarkt die Konzentration von ökonomischen Transaktionen darstellt, über die *alle* Staaten in *Abhängigkeit* voneinander geraten. Als *Ergänzung* der militärischen Konfrontation mit Russland, also als zweite Front im *Krieg*, geht es dem Westen um die Ruinierung der ökonomischen Grundlagen der Föderation. Es sollen die von russischen

---

[59] Naturkatastrophen oder andere Formen der Unterbrechung von eingespielten Lieferketten können ähnliche Wirkungen herbeiführen.

[60] Die Fälle, die so ausgegangen sind, kennt man aus der jüngeren Geschichte: Iran, Kuba usw.

(Staats-)Kapitalen getätigten Waren- und Kapitalgeschäfte getroffen werden, die primär die *Grundlage staatlicher Gewalt abgeben,* also besonders die für die Kriegsführung notwendigen Geschäfte und Geschäftsmittel. So wird, heißt es z.B., »Putin der Gashahn zugedreht«, um Dollareinnahmen zu blockieren, die einen wichtigen Teil des russischen Staatshaushalts ausmachen. Das verläuft nicht, wie der populäre Spruch weis machen will, als Eingriff in das Geschäftsleben auf *russischem* Territorium, sondern geht nur als Unterbindung von Geschäften *mit* russischem Gas und Öl auf dem *heimischen* Territorium derjenigen Weststaaten, die mit der Einfuhr von russischem Gas und Öl große Teile ihres eigenen Energiehaushalts bewirtschaften. Dazu ist es nötig, dass westliche Staaten Schluss machen mit dem garantierten Schutz von russischem *Eigentum* in Gestalt von zugelassenen Waren- oder Kapitalimporten. Im Kriegsfall zögern die westlichen Staaten keinen Moment, diesen Schutz, der in ihrer Hand liegt, zu entziehen und das fremde Eigentum zu *verstaatlichen.* Es nutzen Staaten dabei die von ihnen vertraglich zugesicherte *Eigentumsgarantie,* um dieses ›Allerheiligste‹ der ökonomischen Konkurrenz, dem Zugriff des Feindes zu entziehen. Das fremde Kapital wird dann unter staatliche Hoheit gestellt, was sachlich gesehen nichts anderes darstellt als einen per Gewalt durchgeführten *Raubzug* an fremdem Reichtum, der den durchgesetzten Konkurrenzregeln zufolge eigentlich *verboten* ist – im *Frieden.* Erneut zeigt sich daran erstens, wie sehr die kapitalistische Konkurrenzordnung davon abhängt, dass die wechselseitigen Geschäfte zwischen den Staaten über vertragliche Zusicherungen laufen, von denen der wichtigste der Schutz des Eigentums ist. Es manifestiert sich so zweitens noch einmal, dass der erfolgreiche Einsatz von (Kapital-)Eigentum im Kapitalismus ganz generell auf seinem Schutz durch Staatsgewalt basiert und dass ohne diesen Schutz kein in- und erst recht kein ausländischer Kapitaleinsatz gelingt.[61] Und es erweist sich drittens erneut, dass die-

[61] Wo dieser Schutz entfällt, ist das Eigentum schutzlos z.B. dem Interesse von »Plünderern« ausgesetzt – wie etwa all die Fälle zeigen,

se Verabredungen zwischen Staatsgewalten nur so viel wert sind, wie sie sich als Mittel der Machterhaltung der Vertragspartner erweisen. Der Erfolg der Unterbindung von Exporten und Importen nebst der Schließung der dazu gehörigen Zirkulationswege, die Beschlagnahme von im Westen vorhandenen sachlichen und Geldreichtümern russischer Oligarchen usw. *basiert* also darauf, dass sich alle Staaten wie eben auch Russland auf das System der Weltmarktkonkurrenz zum Zwecke ihrer nationalen Bereicherung eingelassen haben.

All das gilt auch für die Unterbindung von Bankgeschäften und die Sperrung von russischem Geld auf westlichen Banken – seien es Staats- oder Privatguthaben. Es gehört zu den Weltmarktgepflogenheiten, dass Staaten ihre eingenommenen Gelder auf Banken diverser Staaten lagern, um dort Importe zu bezahlen, dass sie mit gebunkerten Devisenreserven Geld- oder Währungsgeschäfte zu betreiben usw. Diese Gelder stellen verbrieftes Eigentum der Einleger dar, das die Banken verwalten, Zahlungen abwickeln und dafür aber eben auch ihre Geschäfte mit ihm betreiben dürfen. Da jedes Warengeschäft auf dem Weltmarkt über Banken abgewickelt wird, auf denen die in- und ausländischen Geschäftsinhaber ihre Konten haben, ist der staatliche Zugriff auf fremde Gelder – im Fall des Wirtschaftskriegs gegen Russland sollen sie sich auf ca. 300 Mrd. Dollar belaufen[62] – über die staatliche Bankenaufsicht gesichert. Wenn also Russlands auswärts angelegte Devisenguthaben gesperrt und zusätzlich der Zugriff Russlands auf das inzwischen *monopolistisch* durchgesetzten Zahlungssystem des Weltmarkts, ›SWIFT‹,[63] unterbunden wird, dann soll damit erreicht werden, dass Russland nicht nur vom Geschäftsverkehr mit seinen Feinden abgeschnitten wird,

---

wenn in Großstädten mit dem Ausfall von Strom zugleich der Einsatz von Staatsgewalt gänzlich ausfällt.

[62] www.derstandard.de/story/2000142945590/eingefrorenes-russisches-vermoegen-soll-das-geld-an-die-ukraine-fliessen

[63] ›Society for Worldwide Interbank Financial Telecommunication‹ – ein im Besitz vornehmlich belgischer Banken befindliches Kapital.

sondern auch weltweit neben ihrem Devisenschatz auch dieses Zahlungsinstrument nicht mehr benutzen kann.

Natürlich bedarf es eines entsprechend potenten *Subjekts*, das die Russische Föderation mit einem Wirtschaftskrieg *dieses Ausmaßes* überhaupt überziehen *kann;* das also nicht nur in der Lage ist, gewohnte Weltmarktwege zu verschließen, überdies anderen Staaten, die das verfügte Handelsverbot unterlaufen, mit Sekundärsanktionen zu drohen, sondern zudem imstande ist, die *negativen Konsequenzen* dieser ökonomischen Kriegführung auf die heimische Industrie auszuhalten oder zu kompensieren. Denn wenn russisches Eigentum blockiert wird, vertraglich geregelte Einfuhrgenehmigungen widerrufen werden, dann wird damit zugleich das einheimische Kapital – z.B. das deutsche – daran gehindert, mit dem Rohstoff weiter sein Geschäft machen. Mit dem doppelten Resultat, dass zum einen Rohstofflieferungen aus Russland eingestellt werden, es dann an diesen Energiegrundstoffen *fehlt*, und dass zum anderen bei den *hiesigen* Importeuren dieser Rohstoffe Geschäfte in Mitleidenschaft geraten. Wie mit solchem Kollateralschaden und seinen weiteren Auswirkungen auf das gesamte nationale Geschäfts- und Privatleben – z.B. in Gestalt von Energieengpässen oder Inflation, die hierzulande der *Preis* für den Schulterschluss mit den USA im Krieg sind –, umgegangen wird, liegt ganz in staatlicher Hand und ihrer Verschuldungsfähigkeit. All das *geht* in der Marktwirtschaft und erfordert nichts als einen staatlichen Beschluss, für den die Rechtsgrundlagen entweder vorliegen oder im Schnellverfahren verabschiedet werden. Nur so lässt sich der »Gashahn – sprich: der Geldhahn – Putins zudrehen«. Dass es die *USA* sind, die im Verbund mit der Mehrheit westlicher Staaten diesen Wirtschaftskrieg führen können, liegt denn auch nicht daran, dass ihnen von der gesamten Staatenwelt eine höchstrichterliche Kompetenz fürs Bestrafen *zuerkannt* worden wäre. Wenn die Vereinigten Staaten sich im Verbund mit der EU als die Lizenzgeber offenbaren, die die Lizenzen zur Teilnahme am Weltmarkt auch wieder *entziehen* können, dann liegt *das* allein an ihrer *ökonomischen Macht* auf dem Weltmarkt: als Stifter des Weltgeldes, als Ökonomie mit dem größten Bankenkapital und als eine Wirtschaft, die schon immer erfolgreich daran gearbeitet hat, sich mit Protektionismus gerade hinsichtlich der national wichtigsten Güter des Weltmarkts – heute: bei Chips, Energie, Lieferkettenunabhängigkeit – einen Vorsprung vor der Konkurrenz zu verschaffen und die – wie der Ukrainekrieg zeigt – keinen Zweifel daran lässt, die von ihr gestiftete Weltordnung gegen störende Rivalen mit aller Gewalt zu sichern.[64]

Schluss

Dass »der Westen« die *freiheitliche Friedensordnung* im Ukrainekrieg *verteidigt*, ist also *keine Lüge*, sondern kapitalistische *Wahrheit*. Die Lüge liegt allein in der moralischen Schönfärbung dieser Friedensordnung zu einem Hort der schönsten Werte. Es geht dem Westen in diesem Krieg um die Wiederherstellung von »zivilen Beziehungen« im kapitalistischen Verkehr zwischen Staaten, für den die USA ein Russland mit eigenen imperialistischen Ansprüchen auch dann nicht dulden wollen, wenn die vergleichsweise begrenzt sind. Die als »zivil« gefeierte Friedensordnung, auf die es dem Westen ankommt, existiert, wie in den letzten Jahrzehnten nur allzu deutlich geworden ist, als *Konkurrenz von Staatsgewalten* auf dem Weltmarkt, mit *Interessen, die gegensätzlicher* kaum sein können. Dabei geht es jeder dieser Gewalten gegen die Konkurrenten um *dasselbe*: Sie wollen fremden Reichtum *für sich* erwirtschaften, der die ökonomische Grundlage für die Sicherung und den Ausbau der eigenen Staatsmacht, besonders auch seiner Machtmittel darstellt. Von vorneherein ist diese Ordnung *kriegsträchtig*, obwohl – oder vielleicht sogar: weil – die Konkurrenten sich mehrheitlich dem von den USA verfügten Verzicht auf militärische Gewalt im ökonomischen Umgang miteinander unterworfen haben, dessen erster Nutznießer die Vereinigten Staaten selber waren und noch sind. Der verfügte Verzicht auf Gewalt unterstellt dabei allemal, dass Staaten bei sich

64 Vgl. dazu: »Der Wirtschaftskrieg wird global und prinzipiell«, in: GegenStandpunkt, Heft 3/22, S. 27ff.

Gründe akkumulieren, den gegensätzlichen Willen von Konkurrenten zu brechen; nämlich dann, wenn ihnen ihre über die Konkurrenz verfolgten nationalen Interessen als *existenziell* geschädigt gelten. Regelmäßig rufen bewaffnete Konflikte, also dann, wenn Staaten das Gewaltverbot brechen, die selbst ermächtigte oberste Aufsichtsmacht auf den Plan, die sich zwecks Kontrolle des der Staatenwelt auferlegten Friedensgebots selbstverständlich vom darin eingeschlossenen Gewaltverbot ausgenommen hat. So führt sie Kriege gegen kriegerische Aktionen von Staaten, welche angesichts ihrer erworbenen Militärmacht im globalen Maßstab häufig wie Polizeiaktionen wirken. Erst recht hat sie sich *berechtigt*, gegen eigenmächtige, gar konkurrierende Ordnungsvorstellungen von Staaten, also gegen Rivalen vorzugehen.

Die Wiederherstellung der imperialistischen Friedensordnung durch Kriege wie den, den der Westen die Ukraine gegen Russland führen lässt, restauriert folglich immer nur Verhältnisse, an deren weiter bestehender *Kriegsträchtigkeit* kein Zweifel bestehen kann. Krieg und Frieden sind eben nichts als *alternative* Formen der Austragung von Staatenkonkurrenz. Es ist denn auch *keine Prognose*, wenn dieses Kapitel mit der Behauptung schließt, dass weitere Kriege dem aktuell laufenden folgen werden – sofern dieser nicht zum Atomkrieg eskaliert. Den will zwar keine Kriegspartei, weil mit ihm fraglich wird, inwieweit der Globus dann *überhaupt* noch ökonomisch benutzbar sein wird, also für Staaten zur Akkumulation von Kapitalreichtum taugt, mit dem aber alle Kriegsparteien kalkulieren – nicht zuletzt deswegen, weil sie ihm mit ihrer Eskalationskonkurrenz selbst immer näherkommen.

V. Friedensverhandlungen

Dass Friedensverhandlungen z.T. Jahre dauern,[1] verweist auf ihren Widerspruch. Es gibt noch keinen Sieger, aber die Verhandlungen sollen dennoch zum Ende des Krieges führen; eines Krieges, den beide gewinnen woll(t)en. Sie finden während des Krieges statt, in dem beide Seiten laufend die Voraussetzungen für bessere Bedingungen in den Verhandlungen sicherstellen wollen. Waffenstillstandsvereinbarungen, als Voraussetzung für diese Verhandlungen angesetzt, werden folglich während der Friedensgespräche – natürlich – immer von der anderen Seite gebrochen. Denn jedes Schweigen der Waffen fixiert einen Kriegsverlauf, mit dem immer eine Partei, zumeist aber beide Parteien unzufrieden sind. So gehören zu diesen Verhandlungen regelmäßig ihre Unterbrechung oder ihr Abbruch, begründet mit den wechselseitigen Bezichtigungen, die Vereinbarungen für die Friedensgespräche unterlaufen zu haben. So geht der Krieg weiter. Gesprächspartner in solchen Verhandlungen sind Vertreter der Kriegsparteien, die zuvor noch aufeinander geschossen und sich wechselseitig der schlimmsten Kriegsverbrechen bezichtigt haben. Damit sie überhaupt miteinander sprechen, braucht es neutrale Vermittler in Gestalt von Politikern nicht betroffener Länder. Die gibt es nicht, was diese Suche nach Vermittlern nicht einfacher macht. Die sollen neutral und von politischem Gewicht sein – was sich schon ausschließt. Währenddessen geht der Krieg weiter. Diese Vermittler etwa aus Vertretern derjenigen Länder zu rekrutieren, die sich in Abstimmungen über UN-Resolutionen zum Krieg und zum Wunsch nach seiner Beendigung enthalten haben, sichert nicht die gewünschte Neutralität. Denn das Abstimmungsverhalten dieser Länder verweist nicht auf politische Neutralität,

[1] Die Verhandlungen über einen Frieden in Vietnam dauerten z.B. vier Jahre.

sondern darauf, dass diese Länder es wegen ihrer Parteilichkeit für eine Seite mit der anderen möglichst nicht gänzlich verderben wollen. Und so geht der Krieg weiter. Das passt ins Kriegskalkül: Denn es denkt doch jede Partei daran, dem Gegner noch derartige Schäden an Land und Leuten, an Kriegsgerät und ihren Produktionsstätten zufügen zu können, dass dem nur noch die Kapitulation oder die Unterwerfung unter ein »Friedensdiktat« bzw. einen »Diktatfrieden« bleibt. Häufig schafft das dann solange und nur insofern Frieden, als der Besiegte sich in der Lage sieht, das ihm zugefügte Unrecht in einem neuen Waffengang wieder gut zu machen. Ansonsten bekommt jene Friedensordnung wieder ihr Recht, in der die Gründe für Kriege enthalten sind.

***

Im Ukrainekrieg weisen alle Seiten das Ansinnen, zu Friedensverhandlungen »an einen Tisch« zu kommen, zurzeit noch offiziell zurück.[2] Waffenarsenale und Munitionsdepots sind noch nicht erschöpft, lebendiges Kanonenfutter lässt sich noch rekrutieren. Von einem Erreichen ihrer jeweiligen Kriegsziele sind alle Seiten weit entfernt. Und die von beiden Seiten benannten Voraussetzungen für den Beginn von Friedensverhandlungen sind denn auch keine: Wenn Selensky dafür die Rückeroberung aller von der Russischen Föderation eroberten Gebiete einschließlich der Krim benennt, und wenn Lawrow keine Friedensverhandlungen in einer Welt führen will, in der die USA auf ihrem Weltordnungsmonopolanspruch beharren, dann geben sie *maximale Kriegsziele* an, verkünden also, dass »die Zeit« für Friedensgespräche »noch nicht reif (geschossen) ist.« Im Westen wird dennoch in jüngster Zeit in »Planspielen für ein Ende des Krieges« offen darüber spekuliert, wie *»Sicherheitsgarantien«* für die Ukraine aussehen müssten, die *»in ihrer Wucht Russland endgültig abschrecken«*.[3] Darüber – heißt es – könnten sich *»die Hinweise auf ein umfas-*

[2] Der Text ist Juni 2023 endredigiert.
[3] SZ 8./9.10.2022

sendes politisches und wirtschaftliches Konstrukt (verdichten), *das die Alliierten Kiew zur Abschreckung vor weiteren Angriffen Russlands bauen.«* So eskaliert man mit politischen Planspielen das Gemetzel auf dem Schlachtfeld.

***

(Den Rest dieser Seite mag der Leser für eine Niederschrift seiner Bemerkungen dann nutzen, wenn bzw. falls Friedensverhandlungen anberaumt werden. Die kurzen obigen Anmerkungen skizzieren ja nur abstrakt, was sie auszeichnet.)